[1] Hauptbahnhof

1884 wurde der neue Mainzer Central-Bahnhof am Rande der Neustadt nach einem Entwurf von Baumeister Philipp Berdellé im Neorenaissancestil eröffnet. Er wurde mit allegorischen Figuren(gruppen) zu den Themen Reise, Ankunft, Abfahrt verziert. Dieser zweite Mainzer Bahnhof – die erste, kleinere Station der Ludwigsbahn hatte 1853 am Rheinufer den Betrieb aufgenommen – war mit Waschräumen, Toiletten und Wartesälen erster und zweiter Klasse samt gastronomischem Service ausgestattet. Nach schweren Beschädigungen in den beiden Weltkriegen wurden Empfangsgebäude und Vorplatz erheblich verändert. Heute zeigt sich die Fassade bis auf die fehlende opulente Dachfirstgestaltung beinahe wieder im ursprünglichen Profil, innen allerdings erheblich modernisiert mit etwa 20 Shops, Cafés und Imbissverkauf auf drei Etagen. Die Reisenden treten in einen Glasüberbau mit Rolltreppen und Aufzügen und erreichen die Gleise über einen Querbau im Obergeschoss, von dem aus man hinabgeht oder -fährt. Der Mainzer »Einkaufsbahnhof« (Deutsche Bahn) ist ein Knotenpunkt im Schienenverkehr, von dem aus Regionalzüge, S-Bahnen im Rhein-Main-Verbund sowie mehrere IC- und ICE-Linien etwa 60 000 Reisende am Tag transportieren.

Ein Teil der Mainzer ***Straßenschilder*** *hat einen blauen, ein Teil einen roten Hintergrund. Dies hat einen einfachen Grund und dient der besseren Orientierung: Die blauen Schilder zeigen Straßen an, die parallel zum Rhein verlaufen, die roten verweisen auf senkrecht zum Fluss ausgerichtete Straßen. Der Vorschlag zur besseren Übersichtlichkeit stammt von dem Stadtrat und Arzt Dr. Josef Anschel und wurde 1853 von Polizeikommissar Christian Leichtweiß aufgegriffen und umgesetzt. Alle Hausnummern beginnen mit 1 auf der Rheinseite bzw. auf ihrer südlichen Seite. Gerade Nummern liegen auf der rechten, ungerade auf der linken Seite.*

[2] Fastnachtsmuseum

Di–So 11–17 Uhr; ***Kabarettarchiv*** *Mo–Do 9–16.30 Uhr, Fr 9–14 Uhr;* ***»unterhaus«*** *Programm und Tickets unter www.unterhaus-mainz.de*

Die Mainzer Fastnachtsgeschichte seit ihren Anfängen 1837 kann man sich in diesem Museum der »tollen Tage« anhand von Objekten, Dokumenten, Fotos und Filmen erschließen. Die Dauerausstellung widmet sich den besonderen Ritualen und Traditionen, der Kostümierung, den Mainzer Schwellköpp, dem neben Köln und Düsseldorf bundesweit größten Rosenmontagsumzug mit mehr als 9000 Ehrenamtlichen und 500 000 Zuschauern sowie den karnevalistischen Saalfestivitäten. Aus der seit 1955 ausgestrahlten Kultfernsehsendung »Mainz bleibt Mainz, wie es singt und lacht« mit der Übertragung der Sitzung der verschiedenen Mainzer Karnevalsvereine kann man sich einzelne Büttenreden und Stimmungshits nochmals ansehen. Und von den Stars dieser Auftritte sind Devotionalien ausgestellt – zum Beispiel die Hornbrille des Sitzungspräsidenten und Büttenredners Rolf Braun oder die Lederschürze des »singenden Dachdeckers« Ernst Neger.

Das Museum befindet sich ebenso wie das angeschlossene Fastnachtsarchiv und das kleine Museum des

Ernst Neger
1909–1989, Dachdecker und Sänger der Mainzer Fastnacht, der zur Klavierbegleitung seines blinden Freundes Toni Hämmerle (1914–1968), der viele Hits komponiert hatte, zum Star des Fernsehkarnevals wurde. Zu den berühmtesten Schlagern zählen »Heile heile Gänsje« (Martin Mundo) und »Humbta Täterä« (Hämmerle). Die Erstaufführung des Humbta-Liedes 1964 führte zu so anhaltender Ausgelassenheit im Publikum, dass die streng getaktete ARD-Live-Übertragung um eine Stunde verlängert werden musste. Um die Gäste zu beruhigen, begannen die Karnevalisten auf der Bühne demonstrativ Zeitung zu lesen.

Kabarettarchivs mit umfangreichem Dokumentations-Material über den Kabarettisten Hanns Dieter Hüsch im Proviantamt, einem militärischen Getreidespeicher von 1867. Das kulturelle Denkmal mit 5000 Quadratmetern Fläche wurde nach der Jahrtausendwende aufwendig saniert, es entstanden Wohnungen, Büros, Gastronomie- und Kultureinrichtungen. Das Archiv hütet ungefähr 80 Künstler-Nachlässe und Material zu Tausenden von Kleinkünstlern. Seit 2004 verbindet ein »Walk of Fame« mit 80 Bronzesternen das Proviantamt mit dem Kabaretttheater »unterhaus« in der Münsterstraße und mit der Schillerstraße. Jeder »Stern der Satire« würdigt einen herausragenden Kabarettisten, darunter Hugo Ball, Georg Kreisler, Dieter Hallervorden, Heinz Erhardt, Erich Kästner und Karl Valentin.

Das 1966 eröffnete »unterhaus« ist eines der bedeutendsten Kleinkunsttheater in Deutschland. Es hat zwei Bühnen: das »unterhaus Mainzer Forum-Theater« und das »unterhaus im unterhaus«. Mittlerweile gehört es dem Verein unterhaus stiftung, dessen Vorsitzender der ehemalige Mainzer Oberbürgermeister Jens Beutel ist. Seit 1972 vergibt das Theater den Deutschen Kleinkunstpreis, mittlerweile in fünf Kategorien: Kabarett, Chanson/Lied/Musik, Kleinkunst, Förderpreis der Stadt Mainz und Ehrenpreis des Landes Rheinland-Pfalz. Im »unterhaus« findet die kultige Rosenmontagsparty des Südwestrundfunks statt.

Hanns Dieter Hüsch
1925–2005, Kabarettist, Liedermacher, Synchronsprecher, Rundfunkmoderator, Schriftsteller und Schauspieler. Der Niederrheiner studierte in Mainz Theaterwissenschaften, Literaturgeschichte und Philosophie und trat oft im »unterhaus« auf. Er war »keine wissenschaftliche Natur sondern eine lyrische«, wie es in seinem Gedicht »Psychogramm« heißt; er verstand sich als »literarischer Entertainer« und als »philosophischer Clown«. Mit seinen pointierten Texten war er einer der produktivsten und erfolgreichsten Vertreter des literarischen Kabaretts in Deutschland. Hüsch lebte 40 Jahre in Mainz und erhielt einen Stern auf dem »Walk of Fame«.

Osteiner Hof

Département du Mont-Tonnerre
Nach Annexion der linksrheinischen Gebiete des Heiligen Römischen Reiches durch französische Truppen wurde Mainz bis 1814 als »Mayence« zur Hauptstadt des neu geschaffenen Departements. Napoleon soll sich neunmal in der Festung Mainz aufgehalten haben. Den kurfürstlichen Bischofssitz hatte er in eine Garnisonsstadt als wichtigste Festung am Rhein verwandeln lassen. Hier versammelte er seine Truppen für die Feldzüge gegen Russland und Österreich. Nüchterne Zahlen beschreiben die Zustände: Zeitweise wohnten 16 000 Soldaten in einer Stadt mit 24 000 Einwohnern.

[3] Schillerplatz

Mitten in der Mainzer Altstadt liegt der von Adelshöfen aus der Barockzeit umgebene Schillerplatz als Knotenpunkt von Bussen und Straßenbahnen. Das markanteste Palais der Umgebung ist der **Osteiner Hof**, ein dreiflügeliger Gebäudekomplex, den Kurfürst Johann Friedrich Karl von Ostein 1750 für seinen Bruder errichten ließ. Mehr als 200 Jahre residierte in dem durch Rokokoelemente aufgelockerten, architektonischen Glanzstück das napoleonische, preußische, österreichische, reichsdeutsche, nationalsozialistische und US-amerikanische Militär, schließlich die Bundeswehr. Inzwischen enthält der restaurierte Bau 34 Wohnungen und sieben Gewerbeeinheiten. Vom Balkon des Gebäudes aus wird am 11. November um 11.11 Uhr traditionell der Beginn der karnevalistischen »fünften Jahreszeit« ausgerufen. Der ebenfalls von der Ostein-Familie für die Schwester des Kurfürsten zur gleichen Zeit gebaute **Bassenheimer Hof** schräg gegenüber verkörpert den Stil des strengeren französischen Barocks. Er beherbergt das Innenministerium des Landes Rheinland-Pfalz. Der **Schönborner Hof** (1670) in der Schillerstraße Nr. 11 ist die älteste kurfürstliche Stadtvilla, in der sich heute das französische Sprach- und Kulturzentrum »Institut français« und das Kino »Ciné

Mayence« befinden. Auch der **Erthaler Hof** (Nr. 44), in dem sich einst der Verwaltungssitz des Département du Mont-Tonnerre (Departement Donnersberg) befand, gehört in den Reigen der Adelspaläste, ebenso einige Stadtvillen am Ballplatz südöstlich des Schillerplatzes. Am beschaulichen **Ballplatz**, einem windgeschützten Ort für lauschige Sommerabende, plätschert der Brunnen »Määnzer Mädchen« des Salzburger Bildhauers Josef Magnus. Die drei jungen Damen tragen Regenschirme, aus deren Stockspitzen das Wasser strömt.

»Määnzer Mädchen«

[4] Schillerdenkmal

Der Name des Platzes und ein Denkmal ehren seit 1862 den Dichterfürsten Friedrich Schiller, zuvor hieß der Platz funktionsbezogen Thiermarkt und in römischer Zeit Forum gentile (Volksmarkt). Das Schillerdenkmal am Rande der Grünanlage zeigt den Klassiker in voller Lockenpracht, faltenreicher Robe, in die Ferne blickend und mit einem aufgeschlagenen Buch in der Hand. Die Idee zu diesem Denkmal war im Rahmen der aufwendigen Schillerfeier anlässlich seines 100. Geburtstages im November 1859 entstanden. Ein Komitee sammelte Spenden. Das Modell des Denkmals fertigte der Darmstädter Hofbildhauer Johann Baptist Scholl.

[5] Fastnachtsbrunnen

Optisch dominiert nicht das Schillerdenkmal, sondern der gewaltige, knapp neun Meter hohe Fastnachtsbrunnen vor dem Osteiner Hof den Schillerplatz. Er ist neben dem Dom eines der Mainzer Wahrzeichen, das der Münchner Bildhauer Blasius Spreng im Auftrag der Stadt und mit Finanzierung der Getränkefirma Eckes in mehrjähriger Arbeit bis 1967 errichtete. Der »Narrenturm« aus Bronze enthält etwa 200 allegorische Figuren und Symbole und fußt mittig in einem Brunnenbassin aus Sandstein. Zu den künstlerischen Fantasiefiguren zählen Vater Rhein, Till Eulenspiegel, die Stadtgöttin Moguntia, der Bajaz mit der Laterne, Gott Jokus, Tochter Mosel, römische Legionäre sowie Charakterdarstellungen des Possenreißers, des Gauklers und des typischen »Schwellkopp«. Dabei handelt es sich um einen überdimensionalen, aus Pappmaché gefertigten Charakterkopf. Mehrere dieser Köpfe werden in der Mainzer Fastnacht beim Rosenmontagsumzug durch die Stadt getragen und gefahren.

»Meenzer Fassenacht« Am Schillerplatz wird am 11.11. zwar das »Närrische Grundgesetz« proklamiert, eigentlich beginnt die närrische Kampagne mit dem Aufmarsch der Garden aber am Neujahrstag. Rund 90 Karnevals-, Garden- und Musikvereine haben sich in den Mainzer Stadtteilen organisiert, Tausende ehrenamtliche Narren veranstalten mehr als 200 Sitzungen. Die Tradition der Saalfastnacht mit derben Büttenreden begann 1838 mit der Gründung des Mainzer Carneval-Vereins, von der sich die hessische Provinzialregierung vergeblich eine Kanalisierung des Frohsinns versprach, der seit dem 16. Jahrhundert mit wilden Saufereien die Fastenzeit eingeläutet hatte. Der Rosenmontagsumzug ist sieben Kilometer lang und wird von ungefähr 500 000 kostümierten Menschen begleitet und mit Helau-Rufen angefeuert.

[6] St. Stephan

März–Okt.: Mo–Sa 10–17 Uhr, So 12–17 Uhr; im Winter bis 16.30 Uhr

Die spätgotische Hallenkirche St. Stephan in der Oberstadt ist neben dem Dom das bekannteste und meistbesuchte Gotteshaus der rheinland-pfälzischen Landeshauptstadt. 200 000 Menschen jährlich scheuen nicht den Anstieg zu der Kirche, die 1290 bis 1338 an die Stelle einer 992 durch Domgründer Erzbischof Willigis geweihten romanischen Basilika gesetzt wurde. Nicht die Kirchenschätze – zum Beispiel eine spätgotische Kreuzigungsgruppe der Anna Selbdritt, ein Taufstein von 1330, ein thronender Gottvater aus einem spätgotischen Schreinaltar um 1500 –, nicht der idyllische Kreuzgang (1462–1499) mit zahlreichen Grabplatten an den Wänden und auffallenden wappengeschmückten Schlusssteinen im Kreuzrippengewölbe ziehen die große Zahl an Touristen an. Es war ein geradezu genialer Schachzug: Dem Mainzer Pfarrer und Ehrenbürger Klaus Mayer, inzwischen durch päpstliche Ehren Monsignore, gelang es 1973, den jüdischen Künstler Marc Chagall zu überzeugen, Buntglasfens-

Chagall-Fenster

ter für St. Stephan zu schaffen. Sie sollten ein Zeichen der jüdisch-christlichen Verbundenheit setzen, ebenso der französisch-deutschen Freundschaft und der Völkerverständigung. Zwischen 1979 und 1985 wurden neun blautonige Chagall-Fenster eingesetzt, sechs im Ostchor, drei im Querhaus. Kurz darauf starb der Künstler 98-jährig.

Der surrealistisch geprägte Stil des Malers arbeitet mit Farben, die ein positives Lebensgefühl, Hoffnung, Optimismus und Lebensfreude vermitteln, zugleich meditativ sind. Darin sind Detaildarstellungen biblischer Szenen eingebettet – Fürsprache Abrahams für Sodom und Gomorrha, Mose bringt dem Volk das Gesetz, Adam und Eva im Paradies, die Schöpfung, die Brautwerbung für Isaac, der am Kreuz erhöhte Christus. Auch Engelsfiguren und Tiere (Esel, Hahn) fehlen selten auf Chagall-Bildern. Charles Marq, der Seniorchef des Ateliers Jacques Simon in der französischen Stadt Reims, mit dem Chagall 28 Jahre zusammengearbeitet hatte, schuf 19 weitere, schlichtere, statt mit 18 nur mit zehn verschiedenen Blautönen verzierte Fenster für die Seitenschiffe der Stephanskirche. Da sie im selben Atelier mit denselben mundgeblasenen Überfanggläsern und in derselben Technik wie die Chagall-Fenster entstanden, bilden sie ein harmonisches Ensemble und geben dem Gotteshaus seine außergewöhnliche Ausstrahlung und Spiritualität.

Marc Chagall
1887–1985, französischer Maler mit weißrussisch-jüdischen Wurzeln. Chagalls Bilder wurden während des Nationalsozialismus als »entartet« eingestuft; in Frankreich entkam er durch US-Intervention knapp der Auslieferung, emigrierte in die USA, kehrte 1948 nach Frankreich zurück und wollte nie wieder für Deutschland arbeiten. Er gestaltete Fenster für die Kathedrale in Metz und erzeugte eine neue Blüte der Glasmalerei. Nach vielen Briefen und Begegnungen erfüllte er die Bitte des Mainzer Priesters Klaus Mayer und gestaltete neun Fenster für St. Stephan in Mainz, ohne selbst einmal dort gewesen zu sein.

Die jüdische Gemeinde ***Magenza*** *ist eine der ältesten in Deutschland. 1471 mussten alle Juden Mainz verlassen. Hundert Jahre später siedelten sich erneut Juden an, die in einem Ghetto lebten und Berufsverboten unterlagen. Im 19. Jahrhundert bauten die liberale und die orthodoxe israelitische Gemeinde eigene Synagogen, die beide in der Pogromnacht zerstört wurden. 1933 lebten 2600 Juden in Mainz. Man schätzt, dass etwa 1400 Mainzer Juden ermordet wurden. Der Friedhof »Judensand« zählt zu den ältesten jüdischen Friedhöfen Europas, der älteste wiederentdeckte Grabstein stammt aus dem 11. Jahrhundert.*

Oben: »Haus zum Spiegel«
Rechts: Kirschgarten

[7] Augustinerstraße

Die Augustinerstraße ist als schönste Fußgängerzone das Herz der Altstadt, in dem sich Restaurants, Cafés, Weinlokale und kleine Läden aneinander reihen. Die großen Kaufhäuser sind hier nicht zu finden, stattdessen prächtige Barockfassaden und repräsentative Altbauwohnungen. Eines der auf Rundgängen meistbeachteten Häuser in Mainz ist der Fachwerkbau Haus zum Spiegel. Das mit einem zweistöckigen Erker versehene Eckhaus mit rotem Fachwerk trägt die Adresse Leichhofstraße 1, markiert aber den Anfang der Augustinerstraße. An der schmalen Seitengasse Kirschgarten, einem idyllischen Platz mittelalterlicher Anmutung, stehen die ältesten Häuser von Mainz.

[8] Augustinerkirche

Mo–Fr 8–17 Uhr, Sa 8–14 Uhr

Das katholische Mainz besitzt zahlreiche Gotteshäuser, aber nur eine einzige Barock- und Rokokokirche kann mit einem im Original erhaltenen Deckenfresko aus der Entstehungszeit aufwarten. Die reichhaltig mit Stuckdekor ausgestattete Augustinerkirche besitzt ein Deckengemälde aus dem Jahr 1772 von Johann Baptist

Zum Kirschgarten
DON PINTXO

Blick zur Orgel der Augustinerkirche

Enderle mit einer Darstellung von Leben und Verehrung des Heiligen Augustinus. Auf geradezu wundersame Weise blieb die Kirche im Zweiten Weltkrieg fast unversehrt. Von 1260 bis 1802 lag der Konvent der Augustinermönche in der Augustinerstraße, seit 1805 als Bischöfliches Priesterseminar. Bauherr Kurfürst und Erzbischof Emmerich Joseph Freiherr von Breidbach zu Bürresheim war anspruchsvoll: Er wolle keine »Bauernkirche« in seiner Residenz haben. Auch die Orgel stammt aus der Bauzeit (1773). Die Marienskulptur aus Holz, ein gotisches Gnadenbild mit dem spielenden Jesuskind (um 1420), war 1793 aus der brennenden Liebfrauenkirche geborgen worden.

[9] Haus zum Stein

In der Weintorstraße, einer Seitenstraße der Augustinerstraße, steht das Haus zum Stein aus dem 12. Jahrhundert, ein äußerst seltenes Exemplar eines romanischen Wohnturms, heute saniert und in seinem ursprünglichen Zustand zu betrachten. Seinen Namen erhielt das Gebäude um 1250, der damalige Besitzer hieß Eberhardus de Lapide (lateinisch »vom Stein«). Das mit kleinen Kalksteinen gemauerte Haus ist im Kern das älteste Wohnhaus der Stadt.

Blick zum Altar in St. Ignaz

[10] St. Ignaz

Folgt man der Augustinerstraße, gelangt man in der Kapuzinerstraße zur Pfarrkirche St. Ignaz. Die 1773 eingeweihte kreuzförmige Saalkirche ist dem Märtyrer Ignatius, Bischof von Antiochien, gewidmet. Stilistisch verkörpert sie den Übergang vom Rokoko zum Klassizismus. Der Vorgängerbau stammte vermutlich aus dem 7. Jahrhundert, er wurde wegen Baufälligkeit abgebrochen. Die neue Kirche wurde mehrfach beschädigt. Die Kreuzigungsgruppe im Garten der Kirche stammt von dem Mainzer Bildhauer Hans Backoffen, der mit seiner Frau, wie auch andere Stifter und Künstler, in der Krypta bestattet wurde.

__Hans Backoffen__
1470/75–1519, Mainzer Steinmetz, der als Hofbildhauer für die Kurfürsten sakrale Skulpturen gestaltete. Seine Figuren machten wegen ihrer besonderen Plastizität Schule. Für den Dom schuf er die Grabmäler der Erzbischöfe Uriel von Gemmingen, Berthold von Henneberg und Jakob von Liebenstein. Von Backoffen stammen mehrere Kreuzigungsgruppen, Tauf- und Grabsteine in Städten an Main und Mittelrhein. Er arbeitete mit Eifeltuff und Sandstein und soll bei Tilmann Riemenschneider in Würzburg in die Lehre gegangen sein.

[11] Johanniskirche

Die äußerlich bescheiden wirkende Johanniskirche in der Johannisstraße gehört zur kleinen Gruppe der frühen Bischofskirchen nördlich der Alpen. Ihre Ursprünge reichen noch in römische Zeit zurück und älteste Baureste stammen wohl aus der Spätantike – eine Vermutung, die sich während der noch laufenden archäologischen Forschungen ergab. Auf einen Umbau zwischen dem 7./8. und 10. Jahrhundert geht

Bonifatius
Um 673–754/755, Benediktinermönch, Missionsbischof und päpstlicher Gesandter. Mit großem Reisegefolge gründete der in England als Wynfreth geborene Bonifatius zahlreiche Klöster, Kirchen und Bistümer, darunter Mainz, dessen Bischof er von etwa 747 bis 753 war. Wegen seiner Verdienste um die Verbreitung der römisch-katholischen Kirchenorganisation erhielt er den Beinamen »Apostel der Deutschen«. Bonifatius gilt als Beförderer der engen Verzahnung weltlich(-karolingischer) und päpstlicher Macht. Er wurde bei Dokkum (Niederlande) von Raubmördern umgebracht.

der Ostchor mit seinen großen Fenstern zurück. Seine Mauern reichen noch faszinierende 16 Meter hoch, was in Deutschland sonst kaum nachzuweisen ist. Das Christentum wird in Mainz vermutlich bereits seit dem 4. Jahrhundert gepflegt, der erste verbriefte Bischof war um 565 Sidonius. Ob dies seine Amtskirche war, weiß man zwar nicht, aber inzwischen sind sich die Forscher einig, dass sich unter St. Johannis die einstige Amtskirche der Mainzer Bischöfe befand – zum Beispiel vom um 747 eingesetzten Missions-Erzbischof Bonifatius – und dass daher die Bezeichnung »Alter Dom« zutrifft. Als der neue Dom stand, wurde der »Aldedum« zur Stiftskirche. Ein Verbindungsgang verband die beiden Gotteshäuser, bis dieser im 18. Jahrhundert abgerissen wurde.

Der sakrale Innenraum wurde später mehrfach verändert und modernem Zeitgeschmack angepasst. Während der französischen Besetzung diente der Bau dem Militär als Strohlager und Proviantdepot, seit 1828 wird darin evangelisch gepredigt. 1942 brannte die Johanniskirche nach einem Luftangriff aus, 1956 wurde sie wieder eingeweiht. Aufgrund von Sanierungsarbeiten kann die Kirche derzeit nicht besichtigt werden. Die evangelische Johannisgemeinde ist zu Gast in der Augustinerkirche.

Johanniskirche

[12] Staatstheater Mainz

Programm und Tickets *unter www.staatstheater-mainz.com*

1837, vier Jahre nach der Einweihung des neuen Schauspielhauses am Gutenbergplatz, bezog die Bronzeskulptur des Buchdruckerfinders ihren Standort. Die Figur blickt frontal auf das einstige Stadttheater und heutige Staatstheater, errichtet nach Bauplänen von Georg Moller, Architekt, Stadtplaner und Oberbaudirektor des Großherzogtums Hessen. Dieser hatte mehrere Jahre in Rom verbracht, was ihn vermutlich zu der Idee inspirierte, in Anlehnung an die Form des Kolosseums das Zuschauerhaus als Halbrund vor den rechteckigen roten Bruchsteinbau zu setzen. Später wurde das Auditorium mit seitlichen Türmen um ein Foyer erweitert, zur Jahrtausendwende komplett entkernt, mit moderner Technik ausgestattet und mit einer Glaskuppel (im Volksmund als »Käseglocke« ironisiert) versehen, in der theaternahe Veranstaltungen stattfinden. Von der Dachterrasse aus haben die Theaterbesucher einen schönen Rundblick. Hinter dem Großen Haus, in dem 1000 Menschen Platz finden, befindet sich die gläserne Fassade des Kleinen Hauses, das 400 Besucher aufnehmen kann und sowohl unterirdisch als auch durch zwei gläserne Brücken mit der Hauptspielstätte verbunden ist.

Carl Zuckmayer
1896–1977, Schriftsteller und Mainzer Ehrenbürger. Zuckmayer wurde im nahegelegenen Nackenheim geboren, machte Notabitur und meldete sich 1914 als Kriegsfreiwilliger. In der Weimarer Republik lebte er in Berlin und gehörte mit volkstümlichen Theaterstücken zu den angesehensten Dramatikern. Die Stücke waren regional und sprachlich teilweise in Rheinhessen angesiedelt: »Der fröhliche Weinberg«, »Schinderhannes«, »Der Hauptmann von Köpenick« u.a. Während des Nationalsozialismus hatte er Publikationsverbot und war als »Halbjude« gefährdet; er emigrierte in die USA. Zuckmayers Erzählung »Die Fastnachtsbeichte« spielt in Mainz.

[13] Gutenbergplatz

Gutenberg-Express
Apr.–Okt.: Mo–Fr 10.30–17.30 Uhr alle 70 Minuten, Sa/So alle 35 Minuten; März/Nov./Dez.: nur Sa/So 10.30, 11.40, 12.50, 14, 15.10, 16.20 Uhr

Johannes Gutenberg *alias Henne Gensfleisch, um 1400–1468, Patriziersohn. Es gibt keine Porträts von ihm, und nur wenige Quellen dokumentieren sein Leben. Nach Jahren in Frankfurt und Straßburg, wo er mit Heilsspiegeln für Pilger handelte, kehrte er nach Mainz zurück. Nun setzte er seine bahnbrechende Erfindung um und druckte eine Bibel mit Hilfe beweglicher Blei-Lettern. Zu der Idee, die das Informations- und Nachrichtenwesen in aller Welt revolutionierte, sollen ihn die eingegossenen Segenssprüche auf Kirchenglocken inspiriert haben. Als Unternehmer hatte der Erfinder weniger Glück: Sein Finanzpartner Johannes Fust verklagte ihn und übernahm die Druckwerkstatt im Humbrechtshof (Schusterstraße) mit Schwiegersohn Peter Schöffer. Gensfleisch kehrte in sein Elternhaus, den Hof zu Gutenberg, zurück, gründete eine neue Offizin, wurde als Hofmann des Fürstbischofs Adolph von Nassau finanziell unabhängig und starb im »Algesheimer Hof« (Hintere Christofsgasse).*

Der Gutenbergplatz verdankt seine großzügige offene Anlage den französischen Stadtplanern während der Mainzer Besetzung. Mainz war während des ersten Koalitionskrieges zwischen Frankreich auf der einen, Preußen und Österreich auf der anderen Seite stark zerstört worden. Daraufhin ordnete Napoleon 1804 den Bau einer zentralen Straßenachse an. Die von Eustache de Saint-Far, dem leitenden Architekten des Departements, verantwortete »Grande Rue Napoleon«, die heutige Ludwigstraße, verbindet den Schiller- mit dem Gutenbergplatz und sollte für Militärparaden tauglich sein. Als Denkmalzone blieb die weitläufige Anlage der bedeutendste Platz in der Innenstadt, die feierfreudigen Mainzer begehen hier im Sommer ihr viertägiges Fest der Johannisnacht zu Ehren von Johannes Gutenberg. Jeweils im Herbst findet zu Füßen Gutenbergs der Wissenschaftsmarkt statt, bei dem Hochschulen, Institutionen und Unternehmen ihre Forschungsprojekte vorstellen. Und während der Faschingszeit schmückt das Haupt des Buchdruckerfinders auch schon mal eine Narrenkappe.

Bereits unter französischer Regentschaft war geplant, dem Erfinder des Buchdrucks mit beweglichen Lettern ein würdiges Denkmal auf diesem Platz zu errichten. Realisiert wurde das Vorhaben allerdings erst 1837. Der bekannte dänische Bildhauer Bertel Thorvaldsen entwarf die klassizistische Bronzeskulptur, schenkte das Gipsmodell den Mainzern und wurde dafür zum Ehrenbürger ernannt. Da es von Gutenberg keine Abbildungen oder Beschreibungen seiner Physiognomie gibt, handelt es sich bei der vom französischen Bildhauer Charles Crozatier gegossenen Plastik um eine idealisierte Darstellung des Buchdruckers mit Rauschebart, Locken, eleganter Kleidung, Bibel und Drucktypen in der Hand. Während des Zweiten Weltkriegs ruhte das Denkmal an seinem Standort im Boden vergraben.

Am Gutenbergplatz startet das rote touristische Bähnchen »Gutenberg-Express« alle 70 Minuten eine neue Runde mit Haltepunkten an zehn Sehenswürdigkeiten.

[14] Höfchen und Markt

***Wochenmarkt** Di, Fr, Sa 7–14 Uhr*

Höfchen, Markt und Liebfrauenplatz (siehe S. 31) umschließen die Kathedrale nördlich und östlich und gehen ineinander über, weshalb sie kurz als Domplätze bezeichnet werden. Öffentliche Großveranstaltungen mit Konzerten oder Fastnachtsfesten, aber auch Demonstrationen finden hier statt, wo man sich trifft, versammelt, über den Wochenmarkt schlendert, bei den Winzern einen Riesling kostet und auf diese Weise mit dem herzhaften Nationalsnack »Weck, Worscht un Wei« das Wochenende einläutet. Bis in die 1970er Jahre umtosten Autos und Busse den Dom, heute gehört das ganze Gebiet zur Fußgängerzone.

Das Höfchen mit Geschäften, Kaufhaus und einem großen Springbrunnen bildet den Übergang vom Gutenbergplatz zum Markt. Der Platz erhielt seinen Namen im Mittelalter wegen des benachbarten erzbischöflichen Hofs. Bis ins 15. Jahrhundert befanden sich weitere Domherrenhäuser und ein Gerichtsbau auf ihm, er war ummauert und durch zwei Tore zugänglich. Nachdem Erzbischof Diether von Isenburg die spätgotische Martinsburg (1809 abgebrochen) am nordwestlichen Stadtrand hatte bauen lassen, verlegte er den Bischofssitz 1481 dorthin. Der Markt, auf dem dreimal wöchentlich Gemüse, Obst, Käse, Wurst,

Unten: Höfchen
Rechts: Marktbrunnen

*1963 ging das **Zweite Deutsche Fernsehen** (ZDF) erstmals auf Sendung. 1964 erwarb das ZDF auf dem Mainzer Lerchenberg ein 100 Hektar großes Grundstück für den Bau der Sendeanstalt, die 1974 bezogen wurde. 3500 Menschen sind derzeit im Sendezentrum Mainz, im Hauptstadtstudio Berlin sowie in 34 In- und Auslandsstudios fest angestellt, hinzu kommen 4500 freie Mitarbeiter. Seit 2001 gibt es ein zweites Sendezentrum, in dem heute u.a. 3sat und ARTE untergebracht sind. Größte Außenanlage ist der »ZDF-Fernsehgarten«. Der Südwestrundfunk, zweitgrößter Sender im ARD-Verbund, residiert am Hartenberg am Rande der Innenstadt.*

Blumen und sonstige regionale Erzeugnisse angeboten werden, macht als beliebter Treffpunkt und Nachrichtenbörse seinem Namen Ehre. Seinen barock-heimeligen Charakter gewinnt er durch die Zeile restaurierter Markthäuser.

Die wuchtige tausendjährige Heunensäule, die den Markt 6,40 Meter hoch mittig überragt, erscheint wie ein Denkmal, das »schon immer« dort seinen Platz hatte. Allerdings steht der Sandsteinturm, eine Schenkung der Stadt Miltenberg am Main, erst seit 1975 dort. Aus einem Miltenberger Steinbruch stammen die ältesten Felssandsteine des Dommauerwerks, auch die Heunensäule war wohl als Rundpfeiler für den Bau des abgebrannten ersten Domgebäudes gedacht.

Der vom Mainzer Erzbischof Kardinal Albrecht von Brandenburg 1526 gestiftete, bunt verzierte Ziehbrunnen am Markt gilt als ältester Renaissancebrunnen Deutschlands. Er diente nicht nur der Wasserversorgung für die Altstadtbewohner, sondern hatte eine politische, disziplinierende Funktion: Seine Inschriften und skulpturalen Darstellungen erinnern unter anderem an die Niederschlagung des Bauernaufstandes in den 1520er Jahren und stellen eine Warnung vor Volks(auf)begehren dar. 1889 musste der Marktbrunnen wegen veränderter Straßenführung umziehen, seit 1974 befindet er sich wieder am ursprünglichen Platz auf der Südseite im Übergang zum Liebfrauenplatz.

Markt mit Heunensäule

[15] Mainzer Dom

März–Okt.: Mo–Fr 9–18.30 Uhr, Sa 9–16 Uhr, So 12.45–15/16–18.30 Uhr; Nov.–Feb.: Mo–Fr 9–17 Uhr, Sa 9–15 Uhr, So 12.45–15 Uhr

Der dreischiffige, doppelchörige Dom St. Martin als Wahrzeichen und wichtigste Sehenswürdigkeit der rheinland-pfälzischen Landeshauptstadt wäre noch vor den Kathedralen in Straßburg, Worms und Speyer der älteste oberrheinische Großbau – wenn er nicht am Vorabend der geplanten Weihe im Jahr 1009 bis auf die Grundmauern niedergebrannt wäre. So kam es, dass Bauherr Erzbischof Willigis 1011 in St. Stephan bestattet wurde und sein Nachfolger Erzbischof Bardo 1036 die Domweihe vornahm. Es sollte nicht das einzige Großfeuer gewesen sein, das dem ausladenden Gotteshaus aus rotgefärbtem Sandstein widerfuhr, sechs weitere folgten, zuletzt durch Bombardierung 1942. Der Ostchor als ältester Bauteil (abgesehen von den unteren Geschossen der beiden Treppentürme) mit einer im 19. Jahrhundert wiederentdeckten Krypta ist dem Heiligen Stephan geweiht, der spätromanische westliche Hauptchor St. Martin. Seit mehr als 1000 Jahren sanieren und erweitern die Mainzer ihre trotz Plünderungen und Versteigerungen an Sa-

Hl. Bonifatius

kralkunst und Grabmälern reiche Bischofskirche der römisch-katholischen Diözese Mainz.

Die Kathedrale war dabei über Jahrhunderte hinweg weit mehr als ein Bischofssitz. Als »Kaiserdom«, d.h. als Haupt- und Krönungskirche, in der sieben Königen die Krone aufgesetzt wurde, darunter Stauferkaiser Friedrich II., steht er gleichberechtigt neben Worms und Speyer. Häufig suchten Päpste, Kaiser und Staatsoberhäupter den Mainzer Dom auf, der auch politischen Gipfeltreffen diente. Es fanden Hof- und Reichstage statt, anlässlich derer u.a. im Jahre 1054 Papst Viktor II. nominiert wurde. Während eines Hoftages 1188 beschloss Kaiser Friedrich I. den Zweiten Kreuzzug. Im großen Kapitelsaal fand 1517 der letzte Reichstag im Dom statt.

Die beiden Domprediger Wolfgang Capito und Kaspar Hedio brachten lutherisches Gedankengut nach Mainz, das vor allem an der Universität und im Klerus fruchtbaren Boden fand. 1523/24 wandte sich der in der Religionsfrage zunächst unentschlossene Erzbischof Albrecht jedoch gegen die Lehren Luthers, sodass die beiden Reformatoren das Domstift und die Stadt verlassen mussten. Während der französischen Besetzung seit 1798 wehte die Trikolore vom Westturm, das Gotteshaus war profaniert und diente als Militärlager. Große Teile des Inventars wurden versteigert, es wurde sogar ein Abriss erwogen. 1804 durfte der Dom jedoch neu geweiht werden. Erhebliche Verdienste erwarb sich dabei der von Napoleon eingesetzte Bischof Joseph Ludwig Colmar, der den geplanten Abriss verhinderte und das geschnitzte Rokoko-Chorgestühl des Westchors von 1767 vor dem Verkauf rettete. 1809 schenkte Napoleon dem Mainzer Bischof die Martinusglocke – aus preußischen Kanonen gegossen. Nach der Leipziger Völkerschlacht fungierte die Kathedrale als Lazarett für 6000 Soldaten, in dieser Zeit wurde die Holzausstattung verfeuert. 1848 fand im Dom zu Mainz der erste deutsche Katholikentag statt, später folgten die Katholikentage zu den Jubiläen 1948 und 1998. Papst Johannes Paul II. besuchte den Dom 1980.

Willigis wollte mit dem gewaltigen Bauprojekt und der ungewöhnlichen Ausrichtung des Hauptchores nach Westen analog zur Papstkirche St. Peter in Rom die Mainzer Macht als »Zweites Rom« demonstrieren. Die Größe der Kathedrale drückt diesen Wunsch aus: Auf 4600 Quadratmetern bietet sie heute fast 1000 Sitz-

Willigis
Um 940–um 1011, Erzbischof. Auf Empfehlung des Bischofs von Meißen wurde Willigis Schreiber in der Kanzlei von Kaiser Otto I. Schnell wurde er selbst Kanzler, und Otto II. ernannte ihn 975 zum Erzbischof von Mainz. Nach dessen Tod übernahm Willigis gemeinsam mit den beiden verwitweten Kaiserinnen die Vormundschaft für den Kindkaiser Otto III. Willigis salbte und krönte 1002 auch König Heinrich II., den späteren Kaiser. Unter Willigis vermehrte das Bistum Mainz seinen Grundbesitz erheblich und bereitete sich auf eine Vormachtstellung unter den deutschen Bistümern vor. Das von Willigis verantwortete erste Dombauprojekt ist auch in diesem politischen Zusammenhang als Machtdemonstration zu bewerten.

Links: Ostchor des Mainzer Domes

plätze und könnte ohne Bestuhlung 4000 Menschen aufnehmen. Von Romanik über Gotik und Barock bis hin zum Historismus formten mehrere Stilepochen das Profil des »Domgebirges«. Die wichtigste Phase der Baugeschichte war das 12. Jahrhundert, in dem die östliche Apsis und der östliche Chorturm errichtet, der östliche Querbau erweitert, die Ostportale eingesetzt, die Krypta unter dem Ostchor ausgeschachtet wurden und die Seitenschiffe hinzukamen. In dieser Zeit entstanden auch die bischöfliche Privatkapelle St. Gotthard und das Mittelschiff, das ab 1190 ein Kreuzrippengewölbe erhielt. Mit der Weihe des Domes 1239 war die bis heute erhaltene Grundform des Gotteshauses im Wesentlichen vollendet. Die gotischen Stifterkapellen folgten im 13./14. Jahrhundert, dazu wurden die Mauern des Langhauses durchbrochen. Der zweigeschossige gotische Kreuzgang ersetzte im 15. Jahrhundert einen romanischen Vorläufer. Die sechs das Stadtbild prägenden Türme wurden infolge von Brand- und Zerstörungsschäden immer wieder renoviert und umgebaut. Nach dem verheerenden Dombrand von 1767 schuf Ignaz Michael Neumann die glanzvollen barocken westlichen Turmhelme. Der charakteristische spitze Helm des achteckigen Mittelturms der östlichen Turmgruppe stammt aus dem 19. Jahrhundert und kopiert die mittelalterliche Anmutung. Die schmiedeeiserne Kuppel, die Stadtplaner Georg Moller 1828 auf die alte Glockenstube gesetzt hatte, war samt Stube nach erheblicher Geschmackskritik aus der Bevölkerung 40 Jahre später abgerissen worden.

Die reiche Innenausstattung und der Domschatz erlitten die meisten Verluste in der napoleonischen Zeit, vieles ging verloren. Die Kanzel im Mittelschiff enthält zwar noch gotische Elemente, stammt jedoch größtenteils von 1834. Die Türflügel des Marktportals mit zwei Löwenköpfen stammen aus der Willigis-Zeit und sind die zweitältesten erhaltenen Bronzetüren Deutschlands (nach denen des Aachener Doms). Ursprünglich befanden sich die Türen an der Liebfrauenkirche neben dem Dom, die 1803 abgerissen wurde. Der Marienaltar in einer der nördlichen Seitenkapellen enthält drei vergoldete Schnitzfiguren aus dem frühen 16. Jahrhundert, in der Mitte thront erhöht die »schöne Mainzerin« als jungfräuliche Himmelsgöttin mit Kind. Das mächtige Taufbecken von 1328 im nördlichen Querhaus mit einem später ergänzten Kupferdeckel zeigt den Kirchenpatron St. Martin von Tours und

Albrecht von Brandenburg
1490–1545, Kardinal. Der aus dem Geschlecht der Hohenzollern stammende Albrecht legte eine Blitzkarriere hin: mit 23 Jahren Erzbischof von Magdeburg und Bischof von Halberstadt; mit 24 Erzbischof von Mainz, mit 28 Kardinal. Seinen kirchlichen Ämtern zum Trotz unterhielt er eine langjährige Beziehung mit einer Mainzer Bäckerstochter und schloss, um an Geld zu kommen, zahlreiche »faule« Kompromisse ab. Religionspolitisch exponierte er sich: Beim Reichstag zu Worms schützte er Martin Luther. In Magdeburg und Halberstadt erlaubte er – gegen Schuldenbegleichung – Religionsfreiheit. Albrecht starb nach langer Krankheit in der Mainzer Martinsburg. Dem Domkapitel vermachte er wertvolle Reliquiare.

Oben: Marktportal
Links: Blick durch das Langhaus zum Ostchor

Kurfürstentum
Weltliche und geistliche Herrschaft waren im Mittelalter untrennbar verbunden. Wer ein sogenanntes Erzamt im Heiligen Römischen Reich innehatte, trug zugleich die Kurwürde und durfte den römisch-deutschen König mitwählen. Drei der sieben (später neun) Kurfürsten waren die Erzbischöfe von Mainz, Köln und Trier. Seit der Ära Willigis hatte der Mainzer Erzbischof als Erzkanzler den Vorsitz im Kurfürstenkollegium inne, galt als Stellvertreter des Papstes und war die wichtigste Person im Reichstag. Rivalisiert wurde vor allem um das Krönungsrecht, das zeitweise beim Kurmainzer und seit der »Goldenen Bulle« 1356 beim Kurkölner Erzbischof lag.

gilt als größter Zinnguss des europäischen Mittelalters. In der angebauten Gotthard-Kapelle, heute als stiller Andachtsraum genutzt, befindet sich (allerdings erst seit 1962 als Ankauf aus der Gemeinde Udenheim bei Alzey) das älteste Kunstwerk des Doms: das Udenheimer Kruzifix (um 1070).

Die Akustik des Doms ist wegen der vielen Anbauten eine Herausforderung für Orgelbauer und Orgelspieler. Es gibt ernsthafte konzeptionelle Überlegungen für eine grundlegende Änderung und Sanierung der komplizierten Orgelanlage. Momentan können sieben Standorte von einem Generalspieltisch gesteuert werden, der mit sechs Manualen ausgestattet ist. Allerdings gibt es häufig Zeitverzögerungen, und der Nachhall eines angespielten Tones dauert sechs Sekunden. Die einzelnen Orgeln können auch gesondert bespielt werden.

Der Mainzer Dom diente seit dem Spätmittelalter als Grabstätte für Domherren, wovon das spätgotische Memorienportal am Rande des südlichen Seitenschiffes zeugt. Die zahlreichen und wertvollen Grabdenkmäler des 13. bis 19. Jahrhunderts gehören zu den außergewöhnlichen Schätzen und Merkmalen des Mainzer Doms. Auch heute werden Bischöfe in der (neuen) Gruft unter dem Westchor bestattet. An den Wänden reihen sich viele Deckplatten alter Bodengräber und Steinsärge auf. Das älteste erhaltene Denkmal schmückte das Grab des Erzbischofs Siegfried III. von

Eppstein (um 1194–1249), genannt »der Königsmacher«, einst Bauherr des Westchores. Der Bischof steht auf einem Löwen und einem Drachen und greift nach den Kronen zweier figürlich kleinerer Könige. Diese Symbolik soll den Krönungsanspruch des mächtigsten Kurfürsten im Reich gegenüber dem Kölner Erzbischof ausdrücken.

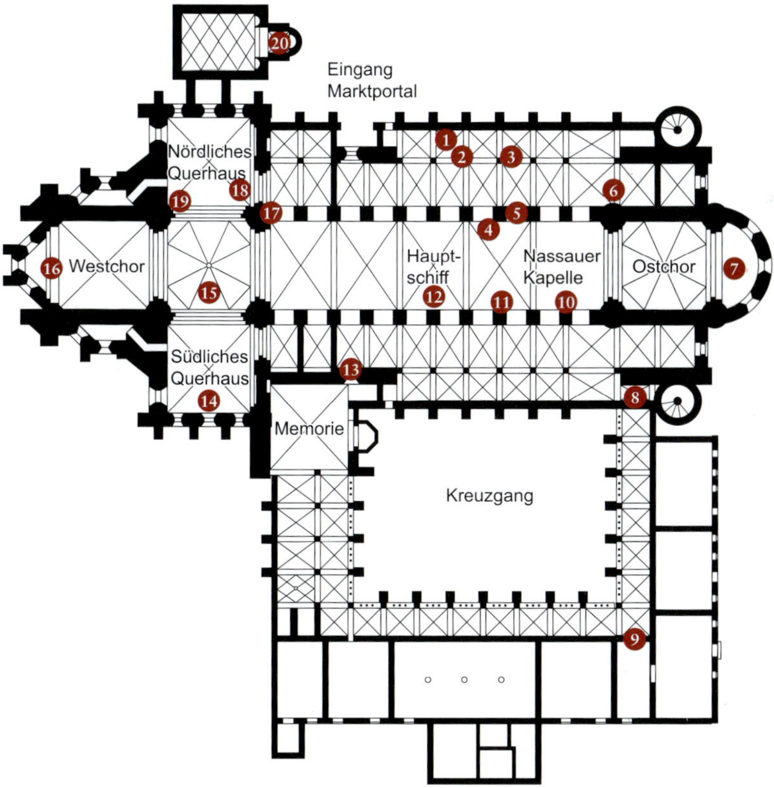

1 *Grab Wilhelm E. v. Ketteler*
2 *Marienkapelle*
3 *Grablegung*
4 *Grabdenkmal Johann v. Nassau*
5 *Grabdenkmal für hl. Bonifatius*
6 *Zugang zur Krypta*
7 *Chorgestühl aus St. Gangolph*
8 *Zugang zum Kreuzgang*
9 *Eingang Dom- u. Diözesanmuseum*
10 *Grabdenkmal Siegfried III. v. Eppstein*
11 *Grabdenkmal Adolph I. v. Nassau*
12 *Kanzel*
13 *Memorienportal*
14 *Barocke Groß-Grabdenkmäler*
15 *Zugang zur Westkrypta*
16 *Rokokochorgestühl*
17 *Grabplatte und -denkmal Kardinal Albrecht v. Brandenburg*
18 *Taufbecken*
19 *Wächterhäuschen*
20 *Udenheimer Kruzifix*

[16] Dom- und Diözesanmuseum

Di–Fr 10–17 Uhr, Sa/So 11–18 Uhr

Das Bischöfliche Dom- und Diözesanmuseum befindet sich in den Nachbarräumen des Kreuzgangs. Die Domschatzkammer in der gotischen Nikolauskapelle im Westflügel des Kreuzgangs birgt wertvolle Goldschmiedekunst aus der tausendjährigen Domgeschichte. In der Kapelle fußt eine der beiden doppelläufigen Wendeltreppen zur einstigen Dombibliothek, eine bauliche Besonderheit des Doms. Trotz der hohen kriegs- und revolutionsbedingten Verluste im Verlauf der Jahrhunderte gilt der Mainzer Domschatz immer noch als einer der wertvollsten des christlichen Abendlandes. Mit 2000 Quadratmetern Ausstellungsfläche ist das Museum für sakrale Kunstwerke sowie wertvolle Kirchenutensilien eines der größten seiner Art. Zu betrachten sind Grafiken und Gemälde, Holz- und Steinskulpturen, Textilien, Möbel und Werke der Goldschmiedekunst. Das originäre Ambiente in den denkmalgeschützten mittelalterlichen Räumen unterstreicht die historische Bedeutung der Exponate. In der Gewölbehalle, deren Mauern bis zu tausend Jahre alt sind, sind Objekte aus der Karolingerzeit zu sehen, ebenso wertvolle Stücke aus der Johanniskirche, dem »Alten Dom«.

Besonders eindrucksvolle Exponate sind: Fragmente vom Westlettner und ein Sandsteinkopf des »Naumburger Meisters« (beides um 1240); eine steinerne Hausmadonna aus der Fuststraße (1250); ein hochgotisches Steinretabel, das erst 1958 in einer Wand der Michaelskapelle entdeckt wurde (vor 1308); ein Fenster aus Jurakalkstein (891–913); eine monumentale steinerne Kreuzigungsgruppe aus der Werkstatt von Hans Backoffen (1519); ein mit unterschiedlichen Hölzern und kostbaren Maserungen hergestelltes Drehtabernakel aus der Werkstatt von Abraham Roentgen (1758). Zu den außergewöhnlichsten Objekten der Dauerausstellung zählt die glockenförmige Kasel (liturgisches Messgewand) des Domerbauers Erzbischof Willigis (um das Jahr 1000), ein kompliziertes Gewebe aus Samit, einem Fadensystem, das seit dem 16. Jahrhundert nicht mehr verwendet wird.

Mit Sonderausstellungen, Vorträgen und Veranstaltungen zu Themen wie »Kunst & Kreppel«, »Kunst & Genuss« u.a. trägt das Museum zum lebendigen Kulturleben der Stadt bei.

Karl Kardinal Lehmann
1936–2018, 1983–2016 Bischof von Mainz und langjähriger Vorsitzender der Bischofskonferenz. Als 87. Nachfolger des Heiligen Bonifatius war seine Amtszeit die drittlängste in der Mainzer Bistumsgeschichte. Lehmann war Honorarprofessor der Universitäten Mainz und Freiburg, zweifach promoviert und bekam mehrere Ehrendoktorwürden. Einige Jahre war er Mitglied im (inzwischen aufgelösten) »Päpstlichen Rat für die sozialen Kommunikationsmittel«; 2001 erhob ihn Papst Johannes Paul II. zum Kardinal. Lehmann war Mainzer Ehrenbürger und erhielt etwa 25 weitere Auszeichnungen, darunter den Karl-Barth-Preis der Evangelischen Kirche und den Aachener Orden wider den tierischen Ernst.

Links: Innenhof des Kreuzgangs

[17] Liebfrauenplatz

Marktfrühstück der Winzer
März–Mitte Nov.: Sa 9–16 Uhr

Der Platz auf der Ostseite des Doms trägt seinen Namen als Hommage an die 1793 zerschossene Liebfrauenkirche, die einige Jahre später abgerissen wurde. Zur Erinnerung wurden die Umrisse der Kirche neben dem Ostchor des Doms aus Sandstein in den Platz eingelassen und der Chor als niedriges Mäuerchen kenntlich gemacht. In diesem Rahmen findet im Sommerhalbjahr das »Mainzer Marktfrühstück der Winzer« statt. Am Ende des Zweiten Weltkrieges waren die meisten Gebäude der Mainzer Domplätze weitgehend zerstört, bis auf wenige Fassaden, die aus den Trümmern aufragten. Am Liebfrauenplatz befindet sich das prachtvolle »Haus zum Römischen Kaiser«, in dem seit 1927 das Gutenberg-Museum untergebracht ist.

Eine besondere Geschichte hat die 1916 errichtete Nagelsäule auf dem Liebfrauenplatz, wovon der Spruch »In Kriegsnot helf uns Gott« zeugt. Hintergrund war eine Spendenaktion unter den Mainzer Bürgern, anlässlich derer der Bildhauer Ludwig Lipp die Säule entwarf. In der Mitte von drei kreisförmig platzierten Steinstelen steht eine hölzerne, dreiteilige Mittelsäule mit einem aufgesetzten Eisernen Kreuz, in die jeder Spender einen Nagel einschlagen durfte. Die drei Ringe stellen Motive der Themen Kriegsarbeit, Staat und Liebe dar.

Anna Seghers
1900–1983, Schriftstellerin. Seghers wurde als Netty Reiling in Mainz geboren. Dort wuchs sie als Tochter eines Kunst- und Antiquitätenhändlers auf; ihre Familie gehörte einer orthodoxen israelitischen Religionsgemeinschaft an. Ihre Dissertation schrieb sie über das Thema »Jude und Judentum im Werk Rembrandts«. Sie war mit einem jüdisch-ungarischen Emigranten verheiratet, mit dem sie ins Exil nach Frankreich und Mexiko ging. Als Schriftstellerin publizierte Netty Radványi unter dem Pseudonym Anna Seghers. Ihr bekanntester Roman »Das siebte Kreuz« erschien 1942, der Romanschauplatz ist im Konzentrationslager Osthofen angesiedelt, 40 Kilometer südlich von Mainz. Nach dem Krieg lebte Seghers in Ost-Berlin und war Präsidentin des Schriftstellerverbandes der DDR.

[18] Gutenberg-Museum

***Museum** Di–Sa 9–17 Uhr, So 11–17 Uhr*
***Druckladen** Mo–Fr 9–17 Uhr, Sa 10–15 Uhr*

Wo sollte eines der ältesten Buch- und Druckmuseen der Welt residieren, wenn nicht in der Gutenberg-Stadt Mainz, die ihren größten Sohn und »Mann des Jahrtausends« auf vielfältige Weise zu würdigen weiß. Das zur Jahrhundertwende 1900 gegründete Gutenberg-Museum ist seit 1927 im einst reichsten Bürgerdomizil von Mainz am Liebfrauenplatz untergebracht, dem 1653/54 für den kurfürstlichen Rentmeister Edmund Rokoch gebauten Renaissancepalais »Zum Marienberg« mit prachtvoller Natursteinfassade, 2009 gelungen restauriert. Es war der erste repräsentative Neubau

Oben: Gutenberg-Büste
Links: Nagelsäule

nach den Zerstörungen des Dreißigjährigen Kriegs. Ab 1742 bot das denkmalgeschützte Gebäude als Hotel »Zum Römischen Kaiser« Reisenden Quartier, hier stiegen prominente Gäste wie Mozart, Voltaire und Goethe ab. Als Gutenberg-Museum brannte es im Zweiten Weltkrieg ab, wurde dann rekonstruiert. In diesem Teil des Museums befinden sich die Gutenberg-Bibliothek, das Mainzer Minipressen-Archiv und die Verwaltungsräume. 1962 und 2000 entstanden Erweiterungsbauten.

Das Projekt Gutenberg bleibt als »Work in Progress« aktuell: Neue Pläne für didaktische und architektonische Aktualisierungen und Erweiterungen werden im Stadtrat und unter den Mainzer Bürgern diskutiert und in Bürgerinitiativen verhandelt. Mit einer »Schatzkammer des Weltmuseums der Druckkunst« soll das Gutenberg-Museum zusätzliche Ausstellungsflächen für die wertvollsten Exponate bekommen und mit modernisiertem Konzept als »Museum der Zukunft« die Erfindung Gutenbergs angemessen darstellen. Ob dies in Form eines hohlen, aber prestigeträchtigen »Bibelturms« auf dem Liebfrauenplatz als Kontrast zu den hohen Domtürmen oder eher als (dringend erforderliche) Sanierung und bauliche Erweiterung realisiert werden soll, wird kontrovers diskutiert.

Die meisten Museums-Exponate konnten trotz der Kriegszerstörung gerettet werden. Zu den Höhepunk-

Gutenberg-Museum im »Haus zum Römischen Kaiser«

Druckerpresse im Gutenberg-Museum

ten der Sammlung gehört die 42-zeilige Gutenberg-Bibel, das erste mit beweglichen Lettern gedruckte Buch überhaupt, noch mit handgemalten und gezeichneten Illustrationen versehen. Das um 1452 mit Hilfe von 20 Mitarbeitern hergestellte zweibändige Werk hat 1282 Seiten und erschien in einer Auflage von 180 Exemplaren (150 auf Papier, 30 auf Pergament gedruckt), von denen weltweit 49 noch existieren, zwei davon im Gutenberg-Museum Mainz. Eine weitere beliebte Attraktion ist die Werkstatt mit einer nachgebauten Gutenberg-Presse. Weitere Druckpressen aus mehreren Jahrhunderten sind ausgestellt. Das Museum informiert ebenso über die Geschichte des Papiers, der Schrift, der Typografie, des Buchdrucks und des Zeitungswesens. Wechselausstellungen beleuchten verschiedene Themen der Buch- und Druckkunst sowie der Typografie bis ins 21. Jahrhundert. Im Druckladen können Kinder und Erwachsene Handwerkstechniken selbst ausprobieren. Die allen Interessenten unentgeltlich zugängliche Fachbibliothek des Gutenberg-Museums umfasst etwa 80 000 Bände und Periodika. Ebenfalls einsehbar sind die Sondersammlungen, die Künstlerbücher, Pressendrucke, Akzidenzen und Exlibris, Grafiken und Plakate umfassen. Die im Museum erhältliche Broschüre »Gutenberg-Pfad« führt zu zehn Wirkungs- und Gedenkstätten Gutenbergs in Mainz.

Weinhauptstadt
Seit einigen Jahren darf Mainz sich gemeinsam mit Rheinhessen mit dem Ehrentitel »Great Wine Capital« schmücken. Der Rhein bildet die Grenze zwischen dem hessischen Rheingau und dem rheinland-pfälzischen Rheinhessen. Mit 26 300 Hektar ist dies das größte Weinbaugebiet Deutschlands, gelegen im Dreieck des Rheinbogens zwischen Bingen, Worms und Mainz. Mehr als 2800 Winzerbetriebe, das Deutsche Weininstitut und der Verband Deutscher Prädikatsweingüter sowie zahlreiche Weinstuben kennzeichnen die Weinhauptstadt. Die Vinothek im historischen Proviantamt (Schillerstraße) bietet eine breite Auswahl an Weinerzeugnissen aus Rheinhessen.

[19] Fischtorplatz

Weinstand der Mainzer Winzer
Mitte Apr.–Okt.: Sa 11–21 Uhr, So 13–20 Uhr

Ein Abstecher vom Liebfrauenplatz aus durch die Fischtorstraße zum Fischtorplatz lohnt den Weg, obwohl man die viel befahrene Rheinstraße überqueren muss. Früher stand hier das Fischtor, einer der Stadttürme der mittelalterlichen Befestigung, dessen Name sich wiederum auf den hier einst in Hafennähe stattfindenden Fischmarkt bezog. Der begrünte Platz ist von weitgehend erhaltenen Wohnhäusern der Gründerzeit und des Historismus umgeben. »Quellmänner un Hering« ist der Spitzname des Fischtorbrunnens aus dem Jahr 1930, will sagen »Pellkartoffeln und Hering«. Fische, die über Kugeln springen, symbolisieren die jahrhundertelange Bedeutung des Rheins als Erwerbs- und Nahrungsquelle. In den Sommermonaten präsentieren die 28 in einem Verein organisierten Mainzer Winzerbetriebe ihre Mainzer und rheinhessischen Erzeugnisse. Abgesehen vom Weinausschank gibt es auch touristisches Informationsmaterial nicht nur zur Weinhauptstadt Mainz. Auf Höhe des Fischtorplatzes markiert das Bronze-Kunstwerk »Stürzende Figur« von Wilhelm Loth aus dem Jahr 1961 den Beginn der Rheinufergalerie mit neun Skulpturen.

[20] Heilig-Geist-Spital

***Gastronomie** Mo–Fr ab 16 Uhr, im Winter ab 18 Uhr, Sa/So ab 9 Uhr*

In der Rentengasse steht ein auffallendes rotes Sandsteingebäude mit spitzem Dachgiebel. Das 1236 durch Bauherr Erzbischof Siegfried III. von Eppstein errichtete spätromanische Heilig-Geist-Spital ist das älteste Bürgerspital Deutschlands. Im Mittelalter ragte das Gebäude über die Stadtmauer hinaus, in die es eingepasst war. Reisende oder Spätheimkehrer konnten nach Schließung der Stadttore in das Spital gelangen. Die von der Heilig-Geist-Bruderschaft betreute Einrichtung bot nicht nur Kranken, sondern auch Pilgern, Obdachlosen, Fremden und alten Menschen ein Dach über dem Kopf. Seit dem 15. Jahrhundert diente es als Altersheim für Frauen, seit 1804 verschiedenen Zwecken, zum Beispiel als Turnhalle oder Lager. 1888 erwarb es die Mainzer Aktienbrauerei. 1945 wurde es bei einem Fliegerangriff der britischen Luftwaffe teilweise zerstört, nach dem Wiederaufbau als Tanzlokal genutzt. Heute dient der restaurierte riesige Spitalbau, von dessen Originalarchitektur eine dreischiffige Halle mit Kreuzgewölbe erhalten ist, als Restaurant, Biergarten, Bar und am Wochenende als (Frühstücks-) Café. Im Inneren finden 300 Menschen Platz, draußen 200.

*Die erste **Stadtmauer** von Mainz bauten die Römer im 3. Jahrhundert. Sie umschloss die Siedlung auf dem Gebiet der heutigen Altstadt und bildete weitgehend die Basis der mittelalterlichen Stadtmauer. Der Kästrich bestand bis zum Ende des 19. Jahrhunderts überwiegend aus Gärten und Weinbergen, wurde aber aus Verteidigungsgründen einbezogen. Die Fundamente des Alexanderturms an der Augustusstraße sollen als intakte Mauerreste aus römischer Zeit stammen. Im 16. Jahrhundert betrachteten die Militärstrategen die Stadtmauer als unzureichend für moderne Kriegsführung. Mainz erhielt eine widerstandsfähigere Festung mit Schanzen, Bastionen und Kasematten.*

[21] Rathaus

Jakob »Jockel« Fuchs 1919–2002, Oberbürgermeister. Der Chefredakteur der SPD-Zeitung »Die Freiheit« war bereits zehn Jahre als Landtagsabgeordneter politisch tätig (und noch zehn weitere bis 1975), als er 1965 zum Oberbürgermeister von Mainz gewählt wurde, ein Amt, das er 22 Jahre behielt. Dreißig Jahre arbeitete er im ZDF-Fernsehrat, 16 davon als Vorsitzender; die Ansiedlung der Sendezentrale auf dem Mainzer Lerchenberg soll seinem Einfluss zu verdanken sein. »De Jockel« war wegen seines Humors und seiner unkonventionellen Art in der Bevölkerung sehr beliebt und genoss hohe überregionale Bekanntheit.

***Tourist-Service-Center** (Brückenturm) Mo–Fr 9–17 Uhr, Sa 10–16 Uhr, www.mainz-tourismus.com*

Eine breite Fußgängerbrücke überquert von der Altstadt aus vorbei am Eisenturm die Rheinstraße zum Jockel-Fuchs-Platz und dem seit seiner Einweihung 1973 umstrittenen Rathausbau auf einem Plateau über dem Rheinufer. Diesen hatte der dänische Architekt und Produkt-Designer Arne Jacobsen für einen dreieckigen Grundriss entworfen. An Spitznamen für das eigenwillige Gebäude aus hellem norwegischem Naturstein fehlte es von Anfang an nicht: »Fuchsbau« bezieht sich auf den damaligen Bürgermeister Jockel Fuchs, »Beamtengefängnis« auf die bodentiefen markanten Sonnenschutz-Fassadengitter. Mainz besaß mehr als 500 Jahre lang gar kein Rathaus. Nach dem blutigen Badisch-Pfälzischen Krieg von 1461/62, auch bekannt als Mainzer Stiftsfehde um die Besetzung des Erzbistums, »bestrafte« der Sieger und neue Erzbischof Adolph II. von Nassau die Mainzer, weil sie die falsche Seite unterstützt hatten. Er entzog Mainz die Freiheitsrechte und unterstellte sie einem »Vizedom« (Statthalter). Bis zum Ende des Heiligen Römischen Reiches 1806 blieb Mainz als »Pfaffenstadt« dem Erzbischof unterstellt.

Skulptur »Lebenskraft«

Die moderne, streng bis in jedes Detail durchkomponierte Gestaltung des Gebäudes setzt bewusst einen Kontrapunkt zum mittelalterlichen Stadtprofil. Die Farben der Innenausstattung changieren in verschiedenen Grüntönen zwischen grau (Treppenbeläge), tiefgrün (Natursteinboden), oliv (Deckenelemente) und beige (versetzbare Wandelemente). Tische, Schränke, Türen sind aus Buchenfurnier. Die sich über mehrere Etagen erhebende Eingangshalle vermittelt Offenheit und Transparenz und hat gestalterisch an Aktualität nicht verloren. Seit 2006 steht das Rathaus unter Denkmalschutz, allerdings entspricht die technische Ausstattung nicht mehr den heutigen Standards. Für die nächsten Jahre sind aufwendige Sanierungsmaßnahmen mit sehr hohen Kosten geplant; Kritiker empfehlen den Abriss, dagegen spricht die Einstufung als Denkmal. Für den Platz vor dem Rathaus schuf der katalanische Bildhauer Andreu Alfaro die Skulptur »Lebenskraft«.

Das Rathaus bildet mit der benachbarten Rheingoldhalle und dem Hilton Hotel ein Ensemble moderner Architektur am Rheinufer. Die Rheingoldhalle ist ein Bau des Mainzer Architekten und Stadtplaners Heinz Laubach aus den 1960er Jahren, der 2007 vom dänischen Architekturbüro Dissing + Weitling (in der Nachfolge von Arne Jacobsen) umgebaut und erweitert wurde. Bis zu 5000 Personen kann die Veranstaltungshalle auf einer Fläche von 7000 Quadratmetern fassen.

Rheingoldhalle

[22] Eisenturm

***Während Kunstausstellungen** Sa/So 13–17 Uhr, Mi 16–18 Uhr*

Der vom Jockel-Fuchs-Platz aus zu sehende romanische Eisenturm mit schiefergedecktem Walmdach und zwei niedrigen Seitenflügeln ist der älteste von drei erhaltenen Wachtürmen. Er wurde um 1240 errichtet, im 15. Jahrhundert erhöht und nach den Beschädigungen im Zweiten Weltkrieg wiederaufgebaut. Ursprünglich verfügte die mittelalterliche Stadtbefestigung über 34 Wachtürme. Der einstige Eisenmarkt am Rheinufer gab dem sechsstöckigen Gebäude seinen Namen, die Funktion als Torturm verlor er bereits im 16. Jahrhundert. Zwei Sandsteinlöwen flankieren den Torbogen, der Widder und das Fabeltier in ihren Klauen symbolisieren die staufische Kaisermacht. Der Turm wurde als Militärgefängnis genutzt, auch für politische Gefangene wie zum Beispiel die Mainzer Revolutionäre von 1848/49, die hier das Gerichtsverfahren erwarteten, das mit einem Freispruch endete. Heute nutzt der Kunstverein Eisenturm Mainz das Gebäude für Ausstellungen.

Im etwas jüngeren Holzturm, der weiter südlich an der Ecke Rheinstraße/Holzstraße steht, wartete der Schinderhannes auf seine Hinrichtung.

***Schinderhannes** alias Johannes Bückler, um 1779–1803, Räuber, Erpresser und Mörder. Viele von Bücklers Vorfahren arbeiteten als Scharfrichter. Seine Eltern waren wegen »Waldfrevels« aus dem Taunus geflohen. Bückler stahl Vieh und überfiel Reisende. Mehrmals wurde er gefasst und konnte fliehen. 1803 wurde er im Mainzer Holzturm eingekerkert und aufgrund von 211 nachgewiesenen Straftaten zum Tode verurteilt. Zur Hinrichtung am 21. November 1803 strömten Tausende von Schaulustigen. Später verknüpften sich Geschichten über den Schinderhannes mit Robin-Hood-Legenden, die nicht den Tatsachen entsprachen.*

[23] Alte Universität

Der Rückweg in die Altstadt führt durch das Einkaufszentrum Am Brand zur Schusterstraße und Alten Universitätsstraße. Das »Haus Zum Korb« (Am Brand 6) lohnt einen Blick: Hier residierte in der Nachfolge Johannes Gutenbergs die Fust-Schöffersche Druckerei. Im Gebäude Schusterstraße 22 (Hof zum Humbrecht), ebenfalls Druckhaus, soll die erste Bibel gedruckt worden sein.

Der große Renaissancebau der Alten Universität mit zwei Giebelaufsätzen und zwei spitzen Dachreitern auf dem First wurde 1618 als Jesuitengymnasium und theologische sowie philosophische Fakultät unter Kurfürst Johann Schweikhard von Kronberg errichtet. Auch dieses Gebäude wurde mehrfach beschossen, brannte schließlich aus, wobei die Grundmauern und die Renaissance-Portale unversehrt blieben. Lange fehlten die Dachreiter auf dem im 18. Jahrhundert zur Kaserne umfunktionierten Bau, seit 1952 zierte es nur ein einzelner Dachreiter. Erst bei einer Generalsanierung des Daches orientierte man sich an einer Abbildung von 1620 und installierte 2005 wieder zwei Dachreiter. Heute beherbergt das Domus Universitatis das Journalistische Seminar und das Leibniz-Institut für Europäische Geschichte der Johannes-Gutenberg-Universität.

Johannes-Gutenberg-Universität
Die 1477 gegründete Mainzer Universität gehört zu den ältesten Hochschulen Deutschlands. Gründer Erzbischof Adolph II. von Nassau starb in Erwartung der päpstlichen Genehmigung, sein Nachfolger hatte die Ehre der Eröffnung. Anfangs bot man ein Studium generale in vier Fakultäten: Theologie, Jura, Medizin, Artistik (entspricht Philosophie). 1798 unter französischer Herrschaft offiziell aufgehoben, wurde die Universität 1946 wiedergegründet. Heute studieren in Mainz 32 000 junge Menschen in 75 Fächern; sie werden von 4400 Wissenschaftlern in mehr als 150 Instituten unterrichtet.

[24] St. Quintin

Tgl. 10–13 Uhr

Das zur Dompfarrei gehörende Gotteshaus St. Quintin wurde im Jahr 774 erstmals urkundlich erwähnt und gilt deshalb als älteste Pfarrkirche von Mainz. Die 1330 vollendete gotische Hallenkirche ruht dreischiffig auf quadratischem Grundriss und hat unter dem hölzernen Helm des Glockenturms von 1489 eine Wohnung für eine Brandwache: Der mittelalterliche Türmer hatte von dort einen guten Ausblick und konnte bei Feuer sofort Alarm schlagen. Eine der vier Turmglocken, das Lumpenglöckchen aus dem Jahr 1250, soll die älteste der Stadt sein. Neben dem Altar hängt das wohl größte und wahrscheinlich wertvollste Gemälde von Mainz: die »Himmelfahrt Mariens« des österreichischen Malers Franz Anton Maulbertsch, 7,20 Meter hoch und bis zu 3,50 Meter breit. Gebäude und Ausstattung gingen im Zweiten Weltkrieg in Flammen auf, weshalb die heutige Inneneinrichtung überwiegend aus anderen Mainzer Kirchen stammt, zum Beispiel kommt die Kanzel aus St. Emmeran. Der Heilige Quintin, Schutzpatron der zu Unrecht verurteilten Gefangenen, war ein römischer Senatorensohn, der als Märtyrer im 3. Jahrhundert starb (Statue links vom Hochaltar). Als Zweitpatron fungiert der Heilige Blasius.

[25] Römerpassage

Isis- und Mater-Magna-Heiligtum Mo–Sa 10–18 Uhr

Nicht ganz unverhofft entdeckte man bei den Erdarbeiten für den Bau des Einkaufszentrums »Römerpassage« im Karree Adolf-Kolping-/Klara-/Emmerans-/Pfandhausstraße Fundamente einer großen römischen Kultstätte aus dem 1. Jahrhundert für die ägyptische Göttin Isis, die auch von Griechen und Römern verehrt wurde, und »Mater Magna«, womit die griechische Göttin Kybele gemeint ist. Erwartet hatte das archäologische Team, das von vornherein den Aushub begleitete, Funde von Hausresten, umso überraschender war die sensationelle Entdeckung. Es handelt sich um die einzige Anlage dieser Art in Deutschland.

In einer ungewöhnlichen Synthese gelang es den Fachleuten, das umtriebige Geschäftsleben einer Einkaufspassage mit einem faszinierenden, unterirdischen archäologischen Museum zu verknüpfen. In der »Taberna archaeologica« wurden die Funde entsprechend der originalen Anordnung wieder eingesetzt und mit einer begehbaren Glasplatte überzogen, sodass die Besucher über die heilige Stätte wandeln können. Die Dauerausstellung ist eine eindrucksvolle Inszenierung einer Zeitreise ins kultische Rom. Öllampen flackern im Halbdunkel des großen Raumes, zu sehen

Mogontiacum

Mainz ist eine der ältesten römischen Städte in Deutschland, 400 Jahre von ca. 13 v. Chr. bis 408 n. Chr. besiedelt, anfangs als Eroberungsstützpunkt mit einem 36 Hektar großen Legionslager auf dem Kästrich, dann Hauptstadt der Provinz »Germania Superior« und der späteren Provinz »Germania Prima«. Römische Dokumente bezeichnen Mogontiacum im Jahr 355 als »municipium« (ländliche Stadt). In einer Lagervorstadt lebten die einheimischen Familien der Soldaten. Trotz bedeutender archäologischer Funde kann man davon ausgehen, dass etwa fünf Meter unter dem heutigen Straßenniveau noch umfangreiche römische Reste auf Entdeckung warten.

Mainzelmännchen
Der schlaue Det und seine fünf Kollegen – der faule Anton, der fleißige Berti, der musische Conni, der schelmische Edi und das sportliche Fritzchen – aus der Trickfilmkiste des ZDF amtieren seit dem Sendestart im April 1963 als dreisekündige Werbetrenner. Sie überlebten ihren geistigen Vater, den Bühnenbildner und Karikaturenzeichner Wolf Gerlach (1928–2012), und wurden mehrfach Faceliftings unterzogen. Heute hantieren sie auch mit Handys und tragen schon mal Jeans statt Latzhosen. Eine Diskussion, ob sie den Werbespots nützen oder schaden, weil sie die Zuschauer ablenken könnten, ging dank repräsentativer Umfragen zu ihren Gunsten aus. Mainzelmännchen for ever!

sind nicht nur Mauerreste, sondern auch Opfergaben, Zauberpuppen aus Ton, Terrakottaobjekte, Münzen, Geschirr, Bronzefiguren sowie ein Frauengrab aus der Hallstattzeit (ca. 800–450 v. Chr.). Kurzfilme, Klangeffekte, Computeranimationen und Audiokommentare aus dem Off ergänzen die sinnlichen Erlebnisse in diesem musealen Highlight der Landeshauptstadt.

[26] Karmeliterplatz

***Karmeliterkirche** tgl. 7–19.30 Uhr*

Die Ruine der kriegszerstörten, frühgotischen Pfarrkirche **St. Christoph** (1229–1325) ist heute Mahnmal und Gedenkstätte. Bunte Schautafeln aus Glas und Fotodokumente vermitteln die Geschichte der Kirche selbst, erinnern mit Fakten an die Zeit des Nationalsozialismus und veranschaulichen die Zerstörung der Stadt durch Bombenangriffe. Die für den musealen Zweck teilsanierte Kirche in der Christofsstraße am Rande des Karmeliterplatzes besitzt noch ein frühgotisches Taufbecken, in dem Johannes Gutenberg getauft worden sein soll. Neben der Ruine wurde eine moderne Eisenplastik platziert, die den Erfinder an der Buchpresse zeigt, angefertigt von dem Bildhauer Karlheinz Oswald.

Als letztes Zeugnis vom Wirken der Jesuiten in Mainz blieb die **Josefskapelle** mit einem Säulenportal aus rotem Sandstein neben der Ruine St. Christoph erhalten. Die Josefsfigur in einer gerahmten Nische trägt im Sockel die Jahreszahl 1720. Nachdem der Jesuitenorden 1773 aufgehoben worden war, wurden die Kapelle und die Nachbargebäude des Jesuitennoviziats als Lyzeum, Militärhospital, Kaserne und »Invalidenhaus« genutzt. Im Zweiten Weltkrieg schwer in Mitleidenschaft gezogen, dient der Komplex heute wieder als Altersheim.

Die **Karmeliterkirche** aus dem 14. Jahrhundert stammt vom gleichnamigen Bettelorden. Sie blieb unzerstört und trotz vielfältiger Umbauten weitgehend im Originalzustand erhalten, mit Ausnahme der kopierten Deckenfresken und der modernen Kirchenfenster. In das mittlere Chorfenster arbeitete der Künstler Jan Schoenaker 1970 auch das Stadtwappen und zwei Mainzelmännchen-Figuren ein. Sehenswert ist die »Weinrebenmadonna« aus dem Jahr 1400.

Rechts: St. Christoph

[27] Naturhistorisches Museum

Di 10–20 Uhr, Mi 10–14 Uhr, Do–So 10–17 Uhr

Vom Karmeliterplatz aus erreicht man durch die Mitternachtsgasse rasch das 1910 aus der Rheinischen Naturforschenden Gesellschaft von 1834 hervorgegangene größte Naturkundemuseum von Rheinland-Pfalz. Es ist vorrangig in der ehemaligen Kirche des Reichklaraklosters untergebracht, dem ein markanter moderner Glasturm vorgebaut ist. Familien mit Kindern sind die Hauptzielgruppe des Museums, das trotz hoher Kriegsverluste über einen reichen Bestand an Tier- und Pflanzenpräparaten verfügt. Die wissenschaftliche Sammlung umfasst 1,5 Millionen Objekte, darunter als Schwerpunkt die Erd- und Lebensgeschichte des Bundeslandes Rheinland-Pfalz, unter anderem mit Blick auf Geologie und Fauna des Mainzer Beckens. Die heutige Welt der Vögel und Säugetiere wird anschaulich in nachgebildeten Lebensräumen dargestellt. Zum Bestand der Dauerausstellung gehören drei von 23 weltweit existierenden Quaggas (ausgestorbene afrikanische Steppenzebras) und ein Java-Nashorn. Die Entwicklungsgeschichte des Pferdes lässt sich am Beispiel eines 45 Millionen Jahre alten Urpferdes, an eiszeitlichen und heutigen Pferden nachvollziehen.

Das Naturkundemuseum versteht seinen Auftrag nicht nur im Sammeln, Konservieren und Ausstellen, auch Forschungsprojekte und Grabungen gehören zu den Kernaufgaben. Es besitzt eine Fachbibliothek mit 1100 Periodika und 12 500 Bänden naturwissenschaftlicher Literatur. Die Museumspädagogen kooperieren mit Schulen und Kindergärten, bieten Führungen für jede Altersgruppe, veranstalten Vorlesestunden zu ausgewählten Tieren. Sehr beliebt sind die Erlebnisführungen »Küken schlüpfen« vor Ostern und die winterlichen »Taschenlampenführungen«.

Mainz wurde ab 1620 als ***Garnisonsstandort*** *ausgebaut und blieb Kriegsschauplatz diverser Besatzer bis zum Versailler Vertrag 1919. In kurfürstlicher Zeit wurde der Jakobsberg als »Schweickhardsburg« militärisch befestigt. 1631 konnte diese Verstärkung allerdings nicht der schwedischen Übermacht standhalten. Nach Abzug der Franzosen, die Mainz 1644 erobert hatten, ließ Kurfürst Johann Philipp von Schönborn die Zitadelle mit vier Eckbastionen zum Kommandantenbau erweitern und sternförmig zwölf weitere Bastionen rund um Mainz errichten. Im 18. Jahrhundert entstanden mehrere Außen-Forts mit unterirdischen Minengängen und Kasematten.*

[28] Landesmuseum

Museum/Tourist-Service-Center *Di 10–20 Uhr, Mi–So 10–17 Uhr;* ***Café*** *Di 11–18 Uhr, Mi–So 11–16.30 Uhr*

Das in der Großen Bleiche in der Golden-Ross-Kaserne, dem ehemaligen kurfürstlichen Marstall, und in einer Glas-Stahl-Konstruktion auf der Innenhofseite residierende Landesmuseum Mainz ist eines der ältesten Geschichts- und Kunstmuseen in Deutschland. Seine Gründung verdankt es Napoleon, der 1803 der Departement-Hauptstadt Mainz 36 Kunstwerke zuteilte, mit denen eine Gemäldegalerie geschaffen werden konnte.

*Der Technologiekonzern **Schott AG** mit den Produktionsgebieten Spezialglas und Glaskeramik ist der drittgrößte Arbeitgeber in Mainz. Das Unternehmen hat Vertriebsstandorte in 34 Ländern. Der Konzern geht zurück auf das 1884 in Jena gegründete Glastechnische Laboratorium Otto Schott & Genossen, dessen Stammfirma 1948 enteignet und als Volkseigener Betrieb (VEB) der DDR weitergeführt wurde. Als Stiftungsunternehmen gründete Erich Schott 1952 die Firma in Mainz neu. Sein Vater, der Firmengründer Otto Schott (1851–1935), gilt als Begründer einer neuen Glaswissenschaft und Glastechnologie.*

In einer »Antiquitätenhalle« wurden bereits damals römische Funde gezeigt. Nach wechselvoller Geschichte – Zerstörung des 1937 bezogenen Marstallgebäudes, Wiederaufbau, Umwidmung in ein Landesmuseum und umfassender Sanierung nach 2000 – präsentiert sich das Museum gut gerüstet für moderne Anforderungen an seine Forschungs-, Sammel- und Präsentationsaufgaben. Dazu zählen sinnliche Erfahrungen – Objekte zum Anfassen und Riechen, Hörstationen, lebensnahe Inszenierungen von Räumen und historischen Schauplätzen. Folgenden kunst- und kulturgeschichtlichen Sammelgebieten widmet sich das Haus: Vorgeschichte, römische Zeit, Mittelalter, Renaissance, Barock, Graphik des 16.–20. Jahrhunderts, niederländische Malerei, Porzellan des 18. Jahrhunderts, Malerei des 19. Jahrhunderts, Judaica, Stadtgeschichte, Glas des Jugendstils und Kunst des 20. Jahrhunderts. Hinzu kommen zahlreiche Kunstausstellungen zu einzelnen Aspekten.

Die Steinhalle des Museums umfasst eine der größten Sammlungen römischer Steindenkmäler nördlich der Alpen. Zu den wertvollsten Exponaten aus römischer Zeit zählt der »Kranichkelch«, ein Dolch mit Einlagen aus Messing und Emaille, der lebensgroße Bronzekopf einer Göttin (alle 1. Jahrhundert n. Chr.) und das Original der über neun Meter hohen, reich verzierten steinernen Jupitersäule. Sie wurde zu Ehren

Blick in den Saal der Moderne

des römischen Kaisers Nero errichtet. Eine Kopie steht an der Großen Bleiche auf dem Platz vor dem Landtag. Auch aus der fränkischen Zeit bis ins 10. Jahrhundert besitzt das Landesmuseum wertvolle Stücke. Vom Reichtum des Mittelalters in Mainz zeugen prachtvolle Altartafeln und Skulpturenschmuck von verschwundenen gotischen Gebäuden. Die kleine Renaissance-Abteilung enthält sakrale Gemälde aus aufgelöstem Kirchenbesitz. Die Niederländer-Sammlung kann zwar nicht mit bedeutenden Malernamen aufwarten, dafür beweist die Kollektion weltlicher Kunst kleiner Meister die Bedeutung regionaler Malerschulen Hollands und Flanderns. Vom üppigen Mainzer Barock zeugt nicht nur das vergoldete Pferd auf dem Dach des Landesmuseums, sondern auch eine eigene Schau unter dem Motto »Höfischer Glanz und Pulverdampf«. Porträts, historische Familienbilder, Landschaften und Stillleben aus bürgerlichen Sammlungen prägen die Kunstausstellungen »Goethezeit und Biedermeier« sowie »Romantik und Historismus«. Einen wesentlichen Anteil am Museumsbestand haben die Kunst um 1900 im Übergang vom deutschen Impressionismus zum Symbolismus und Jugendstil und die Restexponate einer ursprünglich reichen, geplünderten und mutwillig von Nationalsozialisten zerstörten Judaica-Sammlung.

Während der mehrjährigen Bauarbeiten am denkmalgeschützten Mainzer Deutschhaus hält der Landtag von Rheinland-Pfalz seine Plenarsitzungen in der Steinhalle des Landesmuseums ab.

Hl. Barbara, 1854

Zerstörung
Die schweren anglo-amerikanischen Bombenangriffe auf Mainz zwischen August 1942 und 27. Februar 1945 zerstörten die Altstadt fast vollständig und kosteten viele Menschenleben. Am Kriegsende zweifelten viele daran, dass der hohe Verlust an architektonischen und künstlerischen Werten des einst »goldenen Mainz« wiederhergestellt werden könne. Außer der Augustinerkirche waren alle großen Gotteshäuser zerstört, die Gassenstruktur der Altstadt nur noch mühsam erkennbar. Man schätzte 1,5 Millionen Kubikmeter Trümmermasse im linksrheinischen Mainz. Im Altstadtgeviert Große Bleiche, Schiller-, Ludwig- und Rheinstraße lag eine Schuttmasse von einem Meter Höhe, im restlichen Zentrum etwa halb so hoch. Bis 1948 lebte die Bevölkerung in Trümmern.

[29] St. Peter

Tgl. 9–18 Uhr, im Winter bis 17 Uhr

Die beiden Zwiebeltürme der prunkvollen katholischen Rokokokirche St. Peter, die Bauherr Erzbischof Johann Friedrich Karl von Ostein 1756 geweiht hatte, verloren im Zweiten Weltkrieg ihre Dachkrönung, das Kirchenschiff brannte aus. Die vollständige Wiederherstellung dauerte von 1949 bis in die 1980er Jahre, allein zehn Jahre benötigten die bayerischen Kunstmaler Karl Manninger und Hermenegild Peiker, um die Deckenmalereien von Joseph Appiani aus der Entstehungszeit mit Szenen aus dem Leben des Apostels Petrus nach Schwarz-Weiß-Fotovorlagen zu rekonstruieren. Die weißgoldene Holzkanzel aus der Werkstatt

von Johann Förster, der Kreuzaltar von Hans Backoffen (16. Jahrhundert) und einige Barockaltäre blieben im Original erhalten. Den frei stehenden modernen Zelebrationsaltar schuf der pfälzische Bildhauer Gernot Rumpf 1989 und wählte dafür das Motiv des Menschenfischers Petrus.

Eigentlich gehört die katholische Pfarrkirche St. Peter zu den ältesten Gotteshäusern von Mainz. Ihr ursprünglicher Vorgängerbau stand außerhalb der Stadtmauern am Rhein. Wegen Hochwassergefahr wurde ihr Standort im 8. Jahrhundert in die Nähe der heutigen Ruine St. Christoph verlegt, allerdings musste die damalige Stiftskirche wegen zu hoher Kriegs- und Wasserschäden 1631 abgerissen werden. In St. Peter, nicht im Dom, wurde 1803 der von Napoleon bestimmte Bischof Joseph Ludwig Colmar in sein Amt eingeführt. Das Gotteshaus wurde außerdem von verschiedenen Besatzungstruppen als Garnisonskirche genutzt.

Mit der Peterskirche verbunden ist der Name des Priesters Franz Adam Landvogt (1889–1953), dessen Heiligsprechung wegen seiner Güte und Wohltaten, seiner Aufbauarbeit als »Trümmerpfarrer« und seiner unerschrockenen Kritik am Nationalsozialismus in den 1960er Jahren (abschlägig) geprüft wurde. An seinem Marmorsarkophag in der Turmkapelle platzierte der Bildhauer Karlheinz Oswald eine Bronzebüste des »Vaters der Armen«.

Links: St. Peter
Unten: Blick zum Altar

Altes Zeughaus

[30] Platz der Mainzer Republik

Bleichenviertel
Auf den sumpfigen Wiesen der einstigen Bleichen ließen die Weber ihre Stoffe von der Sonne aufhellen. Nach dem Dreißigjährigen Krieg erhielten Bürger Bleiche-Grundstücke als Entschädigung für ihr an den Festungsbau abgetretenes Land. Um die Wiesen trockenzulegen, wurde der Zeybach 1657 umgeleitet. Auch die Straßennamen »Hintere Bleiche« und »Mittlere Bleiche« erinnern an die ursprüngliche Funktion dieses Freilandes innerhalb der Stadtmauern.

Der zum Rhein orientierte östliche Teil des Bleichenviertels, dessen Straßen im Gegensatz zu den krummen Altstadtgassen schachbrettartig angelegt sind, verdient heute die Bezeichnung Regierungs- und Bankenviertel. Nördlich der Großen Bleiche residieren rund um das Kurfürstliche Schloss mehrere Landesministerien. Gegenüber gruppieren sich um den Platz der Mainzer Republik das Alte Zeughaus als ältestes erhaltenes Bauwerk aus kurfürstlicher Zeit, der Barockbau Neues Zeughaus, in dem Staatskanzlei und Landesregierung arbeiten, und das Deutschhaus, seit 1951 Landtagsgebäude von Rheinland-Pfalz.

Erbaut wurde das barocke **Deutschhaus** bis 1740 als Residenz des Hochmeisters des Deutschen Ritterordens, Kurfürst und Erzbischof Franz Ludwig von Pfalz-Neuburg, der allerdings die Einweihung nicht mehr erlebte. In dem Gebäude tagte 1793 der Rheinisch-Deutsche Nationalkonvent als erstes demokratisch gewähltes Parlament in Deutschland. Ab 1804 ließ Napoleon den Bau als kaiserlichen Palast ausstatten, ab 1816 diente er als Residenz des hessischen Großherzogs in der Hauptstadt der Provinz Rheinhessen. 1842 fand im Deutschhaus die Erste Deutsche Industrieausstellung mit 250 Teilnehmern und 75 000 Besuchern statt. Nach dem Ersten Weltkrieg war es bis 1930 Sitz des Oberkommandierenden der französischen Besatzungsarmee am Rhein, anschließend wurde es nach einigen Jahren Leerstand von einer nationalsozialistischen SA-Brigade und ab 1943 als Ausweich-Rathaus der Stadt genutzt. 1945 brannte das Deutschhaus bis auf die Außenmauern ab. Seine Kreisform erhielt der zuvor frontal »schulklassenförmig« angeordnete Plenarsaal 1986/87 durch den Mainzer Architekten Jobst Kowalewsky. Derzeit wird das Parlamentsgebäude nach Plänen des Ludwigshafener Architekturbüros Sander.Hofrichter voraussichtlich bis ins Jahr 2020 grundlegend saniert. Das Parlament ist währenddessen ins Landesmuseum umgezogen.

Das sich dem Deutschhaus anschließende **Neue Zeughaus**, heute Staatskanzlei, wurde 1738/40 für Kurfürst Philipp Karl von Eltz gebaut, dessen Wappen den Dreiecksgiebel schmückt, und seiner Bestimmung entsprechend als Waffenarsenal genutzt. Das Gebäude befindet sich in gerader Blickachse der Autofahrer, die von Wiesbaden kommend über die Theodor-Heuss-Brücke nach Mainz einfahren. Es ist sozusagen der vierte Flügel des dreiflügeligen, 1604/05 errichteten Renaissancegebäudes des **Alten Zeughauses**, das als militärische Lagerstätte für Kanonen, Gewehre und Munition diente. Mit dem Umzug des Arsenals in das Neue Zeughaus beherbergte es seit 1770 die kurfürstliche Münze. Der Haupteingang des ebenfalls wieder-

Mainzer Republik
Nachdem französische Revolutionstruppen im Herbst 1792 Mainz und linksrheinische Gebiete besetzt hatten, wurde im März 1793 mit Hilfe des Mainzer Jakobinerclubs eine Republik »von Landau bis Bingen« mit demokratischen Grundprinzipien ausgerufen. Kurz darauf begann die preußische Armee mit 44 000 Soldaten, Mainz zu belagern, wodurch bedeutende Bauwerke zerstört wurden. Nach vier Monaten zog sich das französische Militär zurück. Die Klubisten, Revolutionssympathisanten und ihre Familien wurden verfolgt, enteignet und eingekerkert. 1797–1814 gehörten die linksrheinischen Gebiete zum Territorium Frankreichs.

Deutschhaus

aufgebauten Bruchsteinbaus ist von der Kopie eines Renaissanceportals umschlossen.

[31] Theodor-Heuss-Brücke

Nach einem Entwurf des Architekten Friedrich von Thiersch entstand 1885 eine Brücke, die Mainz mit Kastel verbindet. Fünf elegant geschwungene Stahlbögen ruhen auf Sandsteinpfeilern. In den ersten 27 Jahren mussten Fußgänger und Fahrgäste der Pferdebahn ein Brückengeld für die 550 Meter lange Überquerung zahlen, sogar für mitgeführte Tiere. Zollbeamte saßen auf beiden Seiten der Brücke und kassierten. In den 1930er Jahren wurde die Brücke verbreitert, um den zunehmenden Autoverkehr zu bewältigen. 1945 sprengten Deutsche die Brücke, bis zum Wiederaufbau diente eine provisorische Pontonbrücke der Amerikaner. Der Rhein – genauer gesagt die Mitte der Theodor-Heuss-Brücke – markierte die Grenze zwischen französischer und amerikanischer Besatzungszone und heute zwischen den Bundesländern Rheinland-Pfalz und Hessen. Bereits die Römer verfügten im 1. Jahrhundert über eine Steinpfeilerbrücke, die wiederum eine Holzpfahlbrücke ersetzte. Eine feste Brücke wurde in der Zeit Karls des Großen um 813 gebaut, die allerdings gleich nach Fertigstellung abbrannte.

*Die rechtsrheinischen Ortschaften **Amöneburg, Kastel und Kostheim** (»AKK-Vororte«) wurden 1908 bzw. 1913 nach Mainz eingemeindet. Dass sie 1945 auf Vorschlag der US-Verwaltung wegen der durch den Rhein verlaufenden Grenze zwischen den Besatzungszonen Wiesbaden unterstellt wurden, betrachteten viele als Willkürakt. Mainz verlor vor allem mit Amöneburg ein bedeutendes Industriegebiet. Kurioserweise blieb der Namensbestandteil Mainz- erhalten, Kostheim und Kastel haben 55er Postleitzahlen des Mainzer Briefzentrums. Bis heute gibt es z.T. heftige lokalpatriotische Debatten.*

Links: Neues Zeughaus und Deutschhaus
Unten: Theodor-Heuss-Brücke

[32] Kurfürstliches Schloss

Georg Forster
1754–1794, Naturforscher, Reiseschriftsteller, Universitätsbibliothekar. Forster erlangte Berühmtheit als Mainzer Jakobiner, Vorkämpfer einer republikanischen Verfassung und Vize-Präsident des Nationalkonvents. Im März 1793 trug er den Wunsch des Konvents, »die freien Deutschen und die freien Franken« als »unzertrennliches Volk« zu vereinen, nach Paris. Dafür wurde er nach dem vorläufigen Sieg Preußens in die Reichsacht genommen, die ihn zwang, im Pariser Exil zu bleiben. Mittlerweile wird seine wissenschaftliche Leistung als Begründer der Ethnologie und als Forschungsreisender in Deutschland hoch anerkannt.

Unübersehbar und majestätisch liegt das sandsteinrote Kurfürstliche Schloss, eines der Wahrzeichen von Mainz, auf einer Länge von 75 Metern am Rheinufer und bildet mit dem benachbarten Deutschhaus und dem Neuen Zeughaus eine eindrucksvolle Prachtfront. Von 1627 bis 1752 währte die von längeren Pausen unterbrochene Bauzeit des dreigeschossigen Gebäudes; die Steinhalle als dritter Flügel entstand sogar erst 1807. Der Vorgängerbau war eine Zwingburg mit Wassergraben und Ecktürmen, die den Ansprüchen der Landesfürsten an eine Residenz nicht mehr genügte. Der wichtigste Profanbau der Landeshauptstadt gilt Kunsthistorikern als Höhepunkt der Spätrenaissance in Deutschland, wovon beispielsweise die kleinen Erkertürme und das reiche Dekor der Fenster zeugen.

Als Residenzschloss fungierte das Gebäude allerdings nur bis 1806, anschließend war es Kaserne, Lazarett, Lager und Behörde des Zolls. Seit 1842 bezogen kulturelle Einrichtungen die repräsentativen Etagen: Stadtbibliothek, Gemäldegalerie und Altertumsmuseum. Das 1859 gegründete Römisch-Germanische Zentralmuseum (RGZM), heute ein renommiertes Leibniz-Forschungsinstitut für Archäologie, war bis 2017 im Kurfürstlichen Schloss beheimatet. In den 2020er Jahren wird es am südlichen Rand der Altstadt, in der Nähe des Römischen Theaters, im neuen Archäologischen Zentrum wiedereröffnen, das neben dem RGZM auch das Museum für Antike Schiffahrt (siehe S. 62), die vorgeschichtlichen und römischen Sammlungen des Landesmuseums sowie Ausstellungsflächen der Landesarchäologie Mainz beherbergen wird.

Im Akademiesaal des Nordflügels wurde im Oktober 1792 der »Mainzer Jakobinerclub« nach dem Pariser Vorbild als »Gesellschaft der Freunde der Freiheit und Gleichheit« gegründet. Der Saal diente manchmal auch als Gerichtsraum; dort fand 1803 der Prozess gegen den berüchtigten Räuber Johannes Bückler, genannt Schinderhannes, statt, in dem er und 19 Mittäter zum Tode verurteilt wurden. Heute ist der wieder hergerichtete Saal des für Kongresse und Veranstaltungen genutzten Nordflügels alljährlich Schauplatz der Fastnachtsveranstaltung »Mainz bleibt Mainz, wie es singt und lacht«.

Der Wiederaufbau der einstigen Residenz, die 1942 bis auf die Außenmauern ausgebrannt war, begann schon 1948 zügig, obwohl die Innenstadt in Schutt und Asche lag, und gilt als Symbol des Mainzer Bürgersinns. Inzwischen gefährden erhebliche Witterungsschäden die Fassade; Sandsteingesimse bröckeln und einige Groteskmasken verlieren ihr Gesicht. Die umfangreiche Restaurierung soll im Jahr 2020 beginnen.

Caroline Schlegel-Schelling
1763–1809, Intellektuelle der Goethezeit, in dritter Ehe mit dem Philosophen Friedrich Schelling verheiratet, erlebte auf Einladung ihrer Jugendfreundin Therese Forster hautnah die Zeit der Mainzer Republik. Sie sympathisierte mit den demokratischen Idealen des Jakobinerclubs, in dem Frauen aber nicht zugelassen waren. Mit einem 19-jährigen französischen Leutnant zeugte sie ein Kind, das sie heimlich zur Welt brachte. Es starb bald darauf. Aus Mainz war Caroline mit der achtjährigen Tochter Auguste geflohen, geriet aber in Festungshaft, woraus sie durch eine persönliche Anordnung des preußischen Königs befreit wurde.

[33] Christuskirche

Di–Do/Sa 9–18 Uhr, Fr 12–18 Uhr, So/Mo 11–18 Uhr

Die 80 Meter hohe Kuppel der 1903 im Stil der Neorenaissance eingeweihten Christuskirche soll an St. Peter in Rom erinnern, ein erstaunlicher Entwurf des Stadtbaumeisters Eduard Kreyßig, denn Bauherr war die evangelische Gemeinde. Die Protestanten waren in Mainz in der Minderheit, deshalb sollte ihr Gotteshaus einen markanten Kontrapunkt zum Dom bilden. Es überragt die einen Kilometer lange Kaiserstraße, die 1873 von Kreyßig als Hauptachse der Neustadt angelegt wurde. Sein Konzept orientierte sich an den großzügigen Haussmann-Boulevards in Paris. In der Christuskirche finden nicht nur Gottesdienste, sondern auch Konzerte, Ausstellungen und andere Veranstaltungen statt.

Eine Besonderheit stellt das 1954 zum Wiederaufbau von der Stadt Mainz gestiftete Glockenspiel mit 26 Glocken aus Stahl dar. Dreimal täglich (7.45/12/18 Uhr) erklingen eine halbe Minute lang jahreszeitlich ausgewählte Choräle und Volkslieder. Vielen Anwohnern dient das melodische Geläut bis heute als zeitliche Orientierung für Schulbeginn oder Mittagspause und spielenden Kindern als Zeichen, nach Hause zu kommen. Der Spieltisch aus Holz und Messing soll einer der ältesten in Deutschland sein.

*Ein beliebtes Ausflugsziel auf der »**Ebsch Seit**« (die jeweils »falsche« Rheinseite) ist die Terrasse des Restaurants »Bastion Schönborn« und der dazu gehörige Kasteler Sandstrand. Von hier hat man den schönsten Blick auf das Mainzer Rheinufer. Auf sumpfigem Kies hatte Franz Scholl 1832 auf 1800 Eichenpfählen eine »Rundum-Verteidigungsanlage« gebaut. Zweck: Schutz der Pontonbrücke, die den Rhein seit 1661 bis zum Bau der Theodor-Heuss-Brücke überbrückte und Mainzern eine Verkehrsverbindung zur Taunusbahn nach Wiesbaden und Frankfurt bot. In der Reduit-Kaserne ist heute u.a. das »Museum Castellum« (So 10.30–12.30 Uhr) beheimatet.*

[34] Rheinuferpromenaden

Das Mainzer Rheinufer reicht vom Feldbergplatz südlich des Zollhafens bis zur Eisenbahnbrücke Mainz-Süd gegenüber der Mainmündung in den Rhein und den Mainspitz-Gemeinden Ginsheim-Gustavsburg und Bischofsheim. Die 3,5 Kilometer lange, abwechslungsreiche Strecke bietet (Ein-)Blicke zu Lande links und rechts des Rheins und zu Wasser auf die rege Schifffahrt. Vor allem am Adenauer-Ufer im Norden kommt man an mehreren Kinderspielplätzen vorbei, es gibt eine Basketballanlage und einen Skatepark.

An Einkehrmöglichkeiten in Cafés und Biergärten mangelt es nicht, am sommerlichen Rheinstrand gibt es sogar eine Strandbar. Die Neustadt-Wiesen sind als Treffpunkt und Sonnenplatz beliebt bei Studentinnen und Studenten. Entlang des Rheinufers kommt man immer wieder an restaurierten Stadttoren vorbei, einst Teil der in den 1870er Jahren errichteten Rheinkehl-Befestigung. Zwischen Hilton-Hotel und Kurfürstenbrunnen blicken die sieben Kurfürsten und der deutsche König von Sockeln herab. Auf Höhe des Rathauses führt eine Treppe zum Jockel-Fuchs-Platz und in die Altstadt. Das hier beginnende Stresemann-Ufer teilt sich kurz hinter dem Fischtorplatz in einen niedrigeren Pfad direkt am Wasser und eine höher gelegene Promenade, die bis zur Höhe Holzturm an der Rheinufergalerie mit neun

Skulpturen von Gegenwartskünstlern vorbeiführt. Am Hotelkomplex Hyatt Regency und der dazu gehörenden Malakoff-Terrasse vor dem roten Rundbau der alten Kaponniere, einem markanten Festungsteil, beginnt das Victor-Hugo-Ufer. Es folgt die Rekonstruktion der alten Drehbrücke von 1865 zum Winterhafen. Auch der Drehmechanismus der Schwenkbrücke, dank derer Schiffe bei jedem Wasserstand durchfahren können, wurde mit einem maschinellen Hydrauliksystem erneuert. Die Mole des Winterhafens mit Yacht-Club, Kanu-Verein, Biergarten und Bootshaus-Restaurant ist ein beliebter Treffpunkt nicht nur an lauen Sommerabenden, dann jedoch besonders belebt.

Vom Victor-Hugo-Ufer aus gelangt man in den Stadtpark und angrenzenden Volkspark mit Rosengarten, Flamingoweiher, Ziegengehege, begehbarem Vogelhaus, Spielplatz, Minigolf und Gastronomie.

15 Schiffsanlegestellen säumen den Rhein zwischen Adenauerufer und Winterhafendamm. Eine Übersichtskarte der Stadtverwaltung nennt die Anleger und die jeweils nahegelegenen Haltestellen. Mehrere Schifffahrtsgesellschaften bieten Tagesausflüge in die Umgebung, aber auch längere Charterfahrten an. Im Winter und Frühjahr versinken die Schiffsanleger gelegentlich in den Fluten des Hochwassers. Wenn der Pegel steigt, werden die Uferwege gesperrt; klettert er über sechs Meter, wird die Schifffahrt eingestellt.

Das seit 1975 jährlich stattfindende ***Open-Ohr-Festival*** *auf dem Gelände der Zitadelle versteht sich als »nichtkommerzielles, thematisches Jugendkulturfestival für Besucher jeden Alters« und ist damit wohl einzigartig in Deutschland. Es geht jeweils um ein politisches Thema, das sich an den vier Pfingsttagen auf Podien und Bühnen, in Workshops, Diskussionen und Konzerten, in diversen Kunstsparten musikalisch, filmisch, fotografisch, kabarettistisch, aktionskünstlerisch oder auf andere Weise kreativ widerspiegelt. Das Event, das jedes Jahr etwa 12 000 Menschen anzieht, wurde von der European Festivals Association als »bemerkenswertes Festival« ausgezeichnet.*

Empfehlungen

Kunsthalle Mainz

Am Zollhafen 3–5, 55118 Mainz;
***Museum** Di/Do/Fr 10–18 Uhr, Mi 10–21 Uhr, Sa/So 11–18 Uhr; **Öffentliche Rundgänge** So 15 Uhr und 1. Mi im Monat 18 Uhr*
Der um sieben Grad geneigte Turm zwischen altem Kesselhaus und Lokschuppen des ehemaligen Zollhafens zeigt an, wo die zeitgenössische Kunst in Mainz zuhause ist. Der Umbau des Industriegebäudes in eine Kunsthalle im Jahr 2006 durch die Mainzer Stadtwerke bildete den Startschuss für die Umwandlung des Zollhafenareals in ein Quartier für Kultur, Wohnen und Arbeiten. Im 21 Meter hohen Turm und in drei Ausstellungshallen im einstöckigen Backsteinbau wird auf 840 Quadratmetern internationale zeitgenössische Kunst gezeigt. Pro Jahr finden drei bis vier Wechselausstellungen mit Werken von Großmeistern und Newcomern der aktuellen Kunstproduktion statt. Ergänzt werden die Ausstellungen durch Künstlergespräche, Filmscreenings und Vorträge.

Neue Synagoge

Synagogenplatz, 55118 Mainz; Führungstermine werden langfristig unter www.jgmainz.de vergeben
Die 2010 eingeweihte Neue Synagoge befindet sich an der Stelle der 1912 errichteten Hauptsynagoge, die 1938 in der Pogromnacht geplündert, in Brand gesteckt und später gesprengt wurde. Obwohl die Synagoge nur im Rahmen von Führungen besichtigt werden kann, lohnt sich ein Blick von außen auf das eigenwillige Gebäude, dessen nach Osten gerichtetes Dach trichterförmig ist und dessen Fassaden mit in glänzendem Grün glasierten Keramikprofilen eingekleidet sind. Das Konzept des Gemeindezentrums orientiert sich am hebräischen Wort »Kedushah« in der Bedeutung »Heiligkeit Gottes«. Die fünf hebräischen Buchstaben des Wortes symbolisieren die fünf Bereiche des jüdischen Zentrums. Neben dem Festsaal befinden sich in der Synagoge u.a. eine Mikwe, eine koschere Küche, Gemeindebüros, Bibliothek, Kindergarten und Schulraum sowie Wohnungen.

Kupferbergterrasse

Kupferbergterrasse, 55116 Mainz; ***Restaurant*** *täglich ab 11 Uhr;* ***Führungen*** *mit Kostproben unter www.restaurant-kupferberg.de;* ***Kupferberg-Museum*** *nach Vereinbarung unter Tel. 06131 9230*
Auf dem Kästrich in der Mainzer Oberstadt, wo einst ein römisches Legionslager lag und sich noch markante Reste eines Römertores befinden, gründete der 29-jährige Christian Adalbert Kupferberg 1850 eine »Fabrication moussierender Weine«. Er profitierte von idealen Voraussetzungen: weitläufige Kelleranlagen aus dem Mittelalter, die Kupferbergs Nachkommen auf 60 Keller in sieben Etagen erweiterten und damit über die tiefstgeschichteten Sektkeller der Welt verfügen. Die Erfolgsmarke »Kupferberg Gold« eroberte schon bald den Weltmarkt. Das Kupferberg-Museum beherbergt eine der weltgrößten Sammlungen an Wein- und Sektgläsern, reich verzierte Eichenholzfässer und den originalgetreu aufgebauten Ausstellungspavillon für deutsche Spitzenweine von der Weltausstellung 1900 in Paris.

Zitadelle

Festung jederzeit zugänglich; ***Führungen*** *unter www.zitadelle-mainz.de;* ***Stadthistorisches Museum*** *Fr 14–17 Uhr, Sa/So 11–17 Uhr;* ***Garnisonsmuseum*** *Tel. 06249 7908*
Die alte Zitadelle auf dem Jakobsberg hat als militärische Großfestung ausgedient und ist heute ein ökologisch wertvolles Naherholungsziel. Die Römer errichteten hier ihrem Feldherrn Drusus, der 13 v. Chr. in Mainz ein Legionslager errichtete, um Germanien zu unterwerfen, ein Ehrengrab (»Drususstein«), heute das älteste Steindenkmal Deutschlands. 1050 siedelten Benediktinermönche auf dem Jakobsberg, von deren Klosterbauten nur noch einzelne Relikte vorhanden sind. In der Zeit des Dreißigjährigen Krieges wurde das Gelände zur Festung ausgebaut. Neben städtischer Verwaltung sind in den Gebäuden heute ein Café, das Stadthistorische Museum, das Garnisonsmuseum und der Veranstalter »Die Kulturei« in den Kasematten untergebracht. Die unterirdischen Gänge aus der Festungszeit können in einer Führung erkundet werden.

Römisches Theater

55116 Mainz
Hinter einer Glaswand des Bahnsteigs 4 im Bahnhof »Römisches Theater« befindet sich die Fundstelle eines riesigen römischen Bühnentheaters aus dem 1. Jahrhundert mit 116 Meter breitem Zuschauerraum, in dessen Halbrund sich 10 000 Menschen versammeln konnten. Es soll sich um das größte römische Theater nördlich der Alpen handeln. Sein Verfall begann noch während der Römerzeit, als im 4. Jahrhundert Steine für die neue Stadtmauer abgebrochen wurden. Vollständig in Vergessenheit geriet der Kulturtempel, in dem wahrscheinlich Gedenkfeiern für den toten Feldherrn Drusus stattfanden, während des Zitadellenbaus im 17. Jahrhundert. Das Gelände wurde eingeebnet und kam erst beim Bau der Ludwigsbahn 1884 wieder zum Vorschein. Seit 1999 wurde das Theater professionell ausgegraben.

Museum für Antike Schiffahrt

Neutorstraße 2b, 55116 Mainz; Di–So 10–18 Uhr
Das 1994 als Zweigstelle des Römisch-Germanischen Zentralmuseums (RGZM) eröffnete Museum für Antike Schiffahrt verdankt seine Existenz einem Zufall. Anfang der 1980er Jahre entdeckte man bei Bauarbeiten am Rhein die Überreste von fünf römischen Kriegsschiffen aus dem 3. und 4. Jahrhundert – Grund genug, ein eigenes Museum speziell dafür und allgemein für die Vielfalt antiker Wasserfahrzeuge zu gründen. Mittelpunkt der Schau sind die Nachbauten zweier Schiffe in Originalgröße. Obwohl das Militär die bedeutendste Rolle für den Schiffsbau jener Zeit spielte, geht es im Museum neben Patrouillen- und Kriegsschiffen auch um schlichte Boote, Kanus und Handelsschiffe. Auf der Galerie kann man sich einen Überblick über die Geschichte des Schiffsbaus verschaffen. Regelmäßig finden sonntags Führungen zu verschiedenen Themen statt. Eine Besonderheit bieten die sogenannten Familiensonntage (jeweils letzter im Monat). Während der Führungen für Erwachsene können die kleinen Gäste an einer Kinderwerkstatt teilnehmen. In wenigen Jahren wird neben dem Museum der Neubau des Leibniz-Forschungsinstitut für Archäologie mit einer eigenen Dauerausstellung eröffnet.

Biebricher Schloss

Rheingaustraße 140, 65203 Wiesbaden
Auf der hessischen Rheinseite liegt das dreiflügelige Biebricher Schloss. Schloss Versailles hatte den Bauherrn, Fürst Georg August Samuel von Nassau-Idstein, zu diesem spätbarocken Bau inspiriert. Im Jahr 1700 ließ er durch den Mainzer Baumeister Johann Weid einen Barockgarten mit Lustschlösschen für Festivitäten anlegen. In rascher Folge entstanden dann zwei Wohnpavillons für Fürst und Fürstin. Später kamen Galerien und eine mächtige Rotunde als Mittelpavillon hinzu, deren geschwungene Zwillingstreppen 1826 angefügt wurden. Herzog Wilhelm von Nassau modernisierte die Anlage umfassend im Stil des Klassizismus. Seinem Sohn, dem jungen Herzog Adolf von Nassau, der seine Residenz ins Wiesbadener Stadtschloss verlegte, diente Biebrich als Sommersitz. Im Schlosspark schlendert man an Kaskadenbrunnen und einer großen Fontäne vorbei, spaziert durch Kastanienalleen. Es gibt eine Orangerie, einen Pomologischen Garten und das Turnierbüro des Wiesbadener Reit- und Fahr-Clubs, der alljährlich das Internationale Wiesbadener Pfingstturnier im Schlosspark ausrichtet.

Rhein-Main-Insel Maaraue

55246 Mainz-Kostheim
An der Mündung des Mains in den Rhein, auf hessischer Seite, aber direkt gegenüber der Mainzer Altstadt, befindet sich das Freizeitgelände Maaraue. Die dreiecksförmige Halbinsel zwischen Rhein, Main und dem Wasserarm des Floßhafens kann zu Fuß oder mit dem Rad über eine kleine Brücke an der Nordspitze (südlich des Bahnhofs Mainz-Kastel) erreicht werden. Die 2,50 Meter hohe Barbarossasäule auf der Maaraue (1986 aufgestellt) soll an das Reichsfest Kaiser Friedrichs I. zu Pfingsten im Jahr 1184 erinnern. Die Maaraue ist ein beliebtes Naherholungsgebiet für die Bewohner der benachbarten Landeshauptstädte. Es gibt einen Grillplatz, einen Campingplatz, eine Kleingartenkolonie und drei Sportplätze. Das barrierefrei zugängliche Freibad Maaraue ist mit über 50 000 Quadratmetern Liegewiese und 3700 Quadratmetern Wasserfläche als größtes Sommerschwimmbad Wiesbadens von Mai bis September geöffnet.

Mainz an einem Tag. Ein Stadtrundgang
Herausgegeben von Mark Lehmstedt

Text: Andrea Reidt
Lektorat: Kristina Schulze/Lehmstedt Verlag
Karte: OpenStreetMap-Mitwirkende, geodressing.de
Fotos: Elke Zorn, außer: Klaus Benz/Mainzer Fastnachtsmuseum e.V. (S. 3), Marc Chagall © VG Bild-Kunst Bonn (S. 7), Hajo Dietz/Nürnberg Luftbild (S. 21), Berndt Radtke/Stiftung Hoher Dom zu Mainz (S. 24), Torsten Pape (S. 27), Martina Pipprich/Gutenberg-Museum (S. 32), D. Bachert/Gutenberg-Museum (S. 33 o.), GDKE/Landesarchäologie Mainz (S. 41), Ursula Rudischer/GDKE Landesmuseum Mainz (S. 46, 47), Berthold Werner/CC BY-SA 3.0 (S. 51), Torsten Zimmermann/mainzplus CITYMARKETING GmbH (S. 55), Bettina Klünemann (S. 57)
Gestaltung: Mareike Bardenhagen/Lehmstedt Verlag
Druck: druckhaus köthen GmbH & Co. KG, Köthen (Anhalt)

Umschlag:
1: Dom
2: Haus zum Spiegel
3: Stadtansicht von Matthäus Merian, 1646
4: Ansicht südliches Rheinufer, Kupferstich von Johann Georg Reinheimer, um 1810
5: Nagelsäule
6: Wappen an St. Peter

1. Auflage, 2018
ISBN 978-3-95797-065-7